경기도의 태실

경기그레이트북스 ㉙

www.ggcf.kr

경기도의 태실

경기문화재단

이 책은 경기문화재단이

경기도의 고유성과 역사성을 밝히기 위한 목적으로 발간하였습니다.

경기학센터가 기획하였고 관련전문가가 집필하였습니다.

일러두기

1. 태실의 명칭은 문화재로 지정된 경우 문화재 등록 명칭을 사용한다. 반면 비지정 문화재의 경우 통용되는 명칭은 그대로 사용하되 그 이외에 태실은 '지역+지명(아명)+태실'로 통일한다.

    예) 포천 만세교리 태봉 / 파주 정자리 태실 / 광주 원당리 성종 왕녀 태실

2. 阿只의 경우 아지로 표기되나 이두식으로 읽을 경우 아기가 된다. 의미를 고려할 때 아기로 표현하는 것이 맞기에 이 책에서는 아지가 아닌 아기로 통일해서 쓴다.

3. 귀부의 경우 「난간석조작도」에 귀롱대석으로 표기하고 있어, 책에서는 귀부 대신 귀롱대석으로 통일해서 쓴다. 단 문화재 명칭으로 통용될 경우 귀부를 사용할 수 있다.

4. 태실비의 경우 아기비와 가봉비로 구분된다. 왕자나 왕녀의 태실일 경우 태실비로 통칭하지만, 왕의 태실인 경우 아기비와 가봉비를 명확하게 구분해서 사용한다. 또한 가봉비가 2개인 경우 가봉비와 개건비로 구분해 표기한다.

5. 인명의 경우 역사서의 기록에 근거한다.

6. 책의 내용에 인용된 원문이나 자세한 내용은 참고문헌이나 각주, 미주를 참고하면 된다. 각주의 경우 괄호숫자, 미주의 경우 숫자로 표기하였다.

2020년 1월에 주요 언론 매체에 경기도에서 도내 태실胎室의 현황과 보호를 위한 기사가 올라온 적이 있다. 당시 이 기사를 접한 주변 사람들이 "태실이 뭐야?"라며 생소하다는 반응을 보였다. 태실胎室은 길지에 아기의 태를 묻는 장태 문화로, 그 역사성은 왕릉과 견주어도 손색이 없다. 특히 태실 유적 중 상당수가 경기도에서 확인되고 있는데, 작년 경기문화재연구원에서 조사한 바에 따르면 33곳(태주 확인 24곳, 미확인 9곳)과 분묘병장 2곳, 태봉의 지명 30곳이 있는 것으로 확인되었다. 이는 경북에 이어 태실이 많이 조성된 사례로, 여기에 일제강점기 때 서삼릉으로 집장된 왕과 왕자·왕녀의 태실 54기 등이 있다. 그렇다면 경기도는 왜 태실지로 선택이 되었을까?

초기 기록을 보면 대개 태실은 하삼도下三道라 불렸던 경상도와 전라도, 충청도 일대에 집중되는 양상을 보인다. 이는 태실이 풍수지리와 결합이 되어 있었기에 전국의 길지 중 으뜸을 찾아 태실을 조성하려고 했기 때문이었다. 실제『태조실록』에는 태실증고사胎室證考使 권중화權仲和가 태조의 태실 후보지로 전라도 진동현珍同縣에서 길지吉地를 찾았다는 내용과 함께 지형을 그린 산수형세도山水形勢圖를 바쳤다고 적고 있다.[1] 이러한 내용은『세종실록』에서도 확인되는데, 세종의 태실을 조성하기 위해 태실증고사胎室證考使 정이오鄭以吾가 진양晉陽을 다녀온 뒤 태실산도胎室山圖를 바친 것을 알 수 있다.[2] 이처럼 초창기의 태실은 하삼도에서 찾는 것이 관례였고, 이때 경기도는 태실과 연관이 있는 장소는 아니었다. 하지만 세조 시기부터 시작되어 성종이 즉위한 이후 경기도가 태실지로 주목받기 시작했는데, 이는 본문에서 자세히 다룰 예정이다. 특히 일제강점기 때인 1928~1934년에는 전국에 산재해있던 태실 54위(왕 22위, 왕자·왕녀 32위)를 서삼릉으로 이봉했고, 이 과정 역시 중요하게 바라볼 지점이다.

내가 경기도의 태실에 본격적인 관심을 가진 것은 2018년이었다. 당시 예천 명봉사에서 마주한 사도세자의 태실을 통해 태실에 담긴 역사성과 의미를 담고 있는 것을 알게 된 이후 내가 살고 있는 지역인 경기도에는 어떤 태실이 있는지 궁금했다. 그래서 선행 자료와 함께 태실에 대한 답사를 진행했다. 그 결과 이 책에서 소개한 상당수의 태실을 확인할 수 있었고, 현장의 모습을 21년 전에 나온 『조선의 태실(1999)』과 비교해볼 수 있었다. 그 결과 과거와 많이 달라진 태실의 모습을 직접 눈으로 확인할 수 있었다. 과거에 비해 원형을 간직하고 있는 경우는 극히 일부에 지나지 않았고, 태실 관련 석물이 사라지거나 훼손된 사례도 확인되는 등 달라진 현장의 모습에서 느끼는 안타까움은 이루 말할 수가 없었다. 당연히 전체 경기도의 태실 중 문화재로 지정된 경우도 생각처럼 많지가 않은 상황이다.

태실을 찾는 과정도 쉽지 않았는데, 파주 축현리 태실의 경우 현장을 찾았다가 엉뚱한 장소를 태봉으로 알고, 태실의 흔적을 찾지 못해 헛걸음을 하기도 했다.

나중에 알고 보니 내가 갔던 장소의 앞쪽에 있는 봉우리가 태봉이었던 것이다. 이처럼 태실에 대한 정보가 많지 않다보니 위치를 파악하는 것조차 쉬운 일이 아니었다. 또한 대부분의 태실이 관리가 되지 않고 있는 곳이 많아 답사를 진행하는 과정이 쉽지 않았다. 특히 여름철의 경우 길게 자란 수풀과 말벌이나 뱀 등의 출몰 등은 조사를 진행하는 데 있어 큰 어려움이었다. 그럼에도 하나씩 태실을 조사해나가면서, 현재까지 알려진 경기도의 태실 가운데 현장에 석물이 남아 있는 태실을 중심으로 답사를 마칠 수 있었다. 이 과정에서 중요한 몇 가지 성과가 있었는데, 가령 안성 배태리 태실의 경우 이번 성종 왕자의 태실로 고증한 부분이다. 『조선의 태실3(1999)』을 보면 해당 태실의 존재는 알려져 있었지만, 해당 태실이 성종의 왕자 태실로 고증한 건 현장을 두 차례 방문한 뒤 태실비의 명문을 판독한 뒤 내린 결과였다. 이에 경기도에 민원으로 알려, 태실 현황 조사에 반영할 수 있었고, 『2020 경기도 태봉·태실 조사보고서』에 해당 내용이 반영될 수 있었다. 또한 태주를 알 수 없던 양평 대흥리 태실이 성종의 왕자인 전성군全城君 혹은 왕실 족보에서 누락된 왕자라는 사실을 고증한 부분도 눈여겨볼 대목이다.

다만 태실 석물이 남아 있지 않거나, 태실지가 확인되지 않은 사례는 답사를 진행하기가 어려워 이번 책에서는 제외했음을 밝혀둔다. 한편 책의 집필기준은 기본적으로 『조선왕조실록』과 『승정원일기』 등을 기반으로 하고, 태실 관련 기록인『태봉등록』과 의궤 등을 중심으로 서술했다. 또한 태실에서 출토된 태지석과 태실비 등의 명문 역시 해당 원고를 집필하는 데 중요한 근거로 삼았다. 이 밖에『신증동국여지승람』등의 지리지 등의 사료와 함께 논문 등의 학술자료 등을 함께 비교 분석하면서 집필하고자 했다. 이와 함께 집필자의 저서인『조선왕실의 태실(2021)』을 참고하였으며, 책의 특성상 현장의 기록이 많다는 점을 밝힌다.

칠보산이 보이는 호매실동의 자택에서

김희태 쓰다.

3장
경기도의 태실

1장

태실의 이해

1. 태실이란?[3]

태실胎室은 아기의 태胎를 길지에 묻는 장태 풍습으로, 이는 태에 대한 우리 조상들의 인식과 풍수지리 사상이 결합해 만들어졌다. 과거에는 태에도 생명력이 있다고 봤기에 태를 함부로 버리지 않고 소중히 보관했다. 특히 조선왕실에서는 태실을 조성하는 것이 태주가 자라는데 있어 중요하게 인식했다.

> 《태장경胎藏經》에 이르기를, '대체 하늘이 만물萬物을 낳는데 사람으로써 귀하게 여기며, 사람이 날 때는 태胎로 인하여 장성長成하게 되는데, 하물며 그 현우賢愚[1]와 성쇠盛衰가 모두 태胎에 매여 있으니 태란 것은 신중히 하지 않을 수가 없다.[4]
>
> - 『문종실록』 권3, 1450년(문종 즉위년) 9월 8일 중

또한 길지에 태실을 조성하는 것은 나라의 국운과도 연결 지어 해석했다. 때문에 태실의 조성은 조선왕실의 궁중의례로 발전할 수 있었고, 조선왕실만의 장태 문화로 발전할 수 있었다. 이처럼 태를 소중히 여기는 풍습은 왕실에서만 있었던 것은 아니다. 민간에서도 아기가 태어나면 태를 소중히 다루었는데, 지역마다 차이가 있지만 대략 민간에서의 태를 처리하는 방법은 크게 ▶불에 태우는 소태燒胎 ▶태를 말리는 건태乾胎 ▶땅에 묻는 방식의 매태埋胎 ▶강이나 바다에 던지는 수중기태水中棄胎 등이 있었다.

---

1) 현우賢愚: 현명하거나 어리석다는 의미

일본 닌토쿠 천황仁德天皇 포의총 ⓒ 전인혁   일본 고카쿠 천황光格天皇 포의총 ⓒ 전인혁

　이러한 장태 문화는 일찍이 중국에는 없던 것으로, 일본의 경우 이와 유사한 흔적이 확인되는데, 일본에서는 이를 포의총胞衣塚, えなづか이라 부른다.[2] 우리나라에서의 태실 조성은 꽤 오래전부터 있어 온 풍습으로, 전승을 제외한 신뢰할 수 있는 사료에서 태실의 사례를 찾는다면 『삼국사기』에 언급된 김유신의 태실을 들 수 있다. 삼한일통三韓一統의 명장인 김유신의 태실은 충청북도 진천군에 있는데, 김유신의 태실이 진천에 있는 건 김유신의 아버지인 김서현이 만노군萬弩郡[3]의 태수였기 때문이다. 때문에 지금도 김유신 태실 인근에는 김유신의 탄생지인 담안밭과 연보정蓮寶井 등의 흔적이 남아 있다.

---

2) 심현용(2021)은 포의총이 장태 문화의 일종인 것은 분명하지만 조선의 태실은 조성 과정과 제도의 관점에서 차이가 있다고 봤기에 둘을 동일시하는 것은 문화의 개념을 잘못 이해한 것으로 보고 있다.
3) 만노군萬弩郡: 현 충청북도 진천군의 옛 지명이다.

진천 김유신 태실, 김유신의 태를 묻었다 해서 태령산胎靈山으로 불렸다.

담안밭

연보정蓮寶井

　　이처럼 김유신의 태실은 지명에도 영향을 미쳤는데,『삼국사기』김유신 열전을 보면 김유신의 태를 묻은 산을 태령산胎靈山이라 불렸다. 보통 태실이 있을 경우 태봉산(胎峰山, 혹은 胎封山)으로 불리며, 마을의 경우 태봉리胎峯里, 태전동胎田洞 등의 지명이 남아 있다. 다만 주의할 점은 태봉산으로 불린다고 해서 무조건 태실로 등치시켜 보는 것은 삼가야 한다. 이는 태봉산과 태실의 연관성이 확인되지 않은 사례도 있고, 전승과 실제 현장이 일치하지 않는 사례도 확인되기 때문이다. 가령 『조선의 태실3(1999)』에서는 안성 배태리 태실을 삼국시대 왕자의 태실로 전해온다고 기록했지만, 태실비의 판독을 통해 조선 성종의 왕자 태실로 고증이 된 것이 대표적인 사례다.

충청남도 홍성군 구항면 태봉리, 순종의 태실이 있어 붙여진 지명이다.

경기도 가평군 상면 태봉리, 선조의 왕자 영창대군의 태실이 있어 붙여진 지명이다.

경기도 광주시 태전동, 성종의 태실이 있어 붙여진 지명이다.
성종의 태실은 일제강점기 때 서삼릉, 태실 석물은 창경궁으로 옮겨졌다.

이러한 태실과 관련한 지명은 경기도에서도 어렵지 않게 찾을 수 있는데, 『2020년 경기도 태봉태실 조사보고서』에 따르면 경기도에서 확인된 태실은 33곳(태주 확인 24곳, 미확인 9곳)으로 분묘병장 2곳, 이 밖에 태봉의 지명이 남아 있는 사례가 30곳이 확인되었다.

1) 고려와 조선의 태실

고려시대에 들어서도 태실 문화는 유지되고 있었던 것으로 보이는데, 이는 『고려사』를 비롯한 다수의 기록에서 확인된다. 특히 고려의 과거시험 중 잡업, 지리업地理業 과목에 태장경胎藏經이 있는 점은 태실의 조성이 업무 가운데 하나였다는 점을 보여준다. 이는 고려 때도 장태 문화가 유지되고 있었음을 보여준다. 다만 조선왕실의 태실과 달리 고려의 태실은 사료에서는 확인이 되지만, 고려 인종 태실을 제외하면 구체적 실증 사례가 확인된 바 없다.[5] 때문에 고려 때의 태실로 전하지만 고증 결과 조선왕실의 태실인 사례가 확인되는데, 대표적으로 광주 용성대군 태실의 사례를 들 수 있다. 광주광역시 북구 신안동 일대에는 태봉산[4]이 있었는데, 1872년 「전라좌도 광주지도」에는 '고려왕자태봉高麗王子胎封'으로 표기되어 있다. 하지만 태지석의 명문을 통해 인조와 인열왕후 한씨 소생의 용성대군龍城大君의 태실로 밝혀졌다. 이러한 부분은 예산 입침리 태실도 동일한데, 지도에는 '고려태봉高麗胎封'으로 표기되어 있지만, 석물의 형태를 보면 조선 중기의 태실로 추정되기에 태실의 경우 전승과 실제 현장이 일치하지 않는다는 점을 염두에 두고 조사를 진행해야 하는 것이다.

---

4) 현재 태봉산이 있던 자리에는 태봉산 유래비가 세워져 있는데, 인근의 저수지인 경양방죽景陽防築을 매립하는 과정에서 태봉산을 허물어 토사를 매립하는데 썼다.

광주 태봉산 유래비와 태함, 고려왕자태봉으로 전해졌지만, 태지석의 확인을 통해 용성대군의 태실로 확인되었다. 현재 태함은
광주역사민속박물관의 야외로 옮겨졌다.

예산 입침리 태실, 고려태봉으로 전해졌지만, 비대와 태함의 형태를 통해 조선 중기의 태실로 확인된다.

　　　　반면 조선왕실의 태실은 안태등록과 의궤 등의 기록이 남아 있어 태실의
조성 과정과 장태에 이르는 과정 등이 상세히 남아 있다. 조선왕실의 태실은 왕

과 세자의 자녀로 태어날 경우 조성되는데, 당시 태실의 조성은 풍수지리와 결합해 입지 조건이 무엇보다 중요했다. 때문에 관상감에서 길지에 대한 삼망단자三望單子(세 배수 추천)를 올릴 정도로 신경을 썼다. 현재 남아 있는 태실지의 형태를 보면 정앙鄭秧이 육안태六安胎에 기록된 내용을 언급하며, "땅이 반듯하고 우뚝 솟아 위로 공중을 받치는 듯 하여야만 길지吉地가 된다."[6]라고 했는데, 이 내용처럼 들판 가운데 둥근 봉우리 형태의 태봉을 선호했다. 또한 『태봉등록』에 언급된 지형으로, 태실지를 중심으로 주변에 내맥來脈이 없고, 좌청룡과 우백호, 안산 등이 마주 보는 곳이 없는 곳을 태실의 길지로 보았다.[7]

성주 세종대왕자 태실, 세종대왕의 왕자 태실 18기와 단종(원손 시절)의 태실 석물 1기 등 총 19기가 자리하고 있다.

조선의 첫 태실은 건국의 시조인 태조의 태실로, 정종과 태종의 태실까지
는 모두 함흥으로 사람을 보내 ▶태조-진산珍山 만인산萬仞山 ▶정종-금산金山
직지사直持寺 ▶태종-성산星山 조곡산祖谷山 등에 태실을 이봉했다. 이는 여말선
초麗末鮮初 시기라는 특수성과 함께 왕이 되기 전에 매태埋胎의 방식으로 태를
보관했음을 보여주는 대목이다. 또한 조선 초기에는 왕비의 태실도 조성되었는
데, 조성 기록이 확인되는 사례는 ▶영주 소헌왕후 태실 ▶홍천 정희왕후 태실
▶예천 폐비 윤씨 태실 등이다. 이 가운데 가봉 태실의 석물이 확인되는 사례는
영주 소헌왕후 태실[5]과 예천 폐비윤씨 태실[6]이다. 이 밖에 현재까지 확인된 왕
자·왕녀의 태실 가운데 가장 이른 시기의 태실은 성주 세종대왕자 태실로, 태
봉의 정상에는 단종의 원손 시절 태실 1기를 포함해 총 19기의 태실이 집장되
어 있다. 이 가운데 단종의 경우 왕위에 오른 뒤 태실을 성주 법림산法林山으로
이봉한 뒤 가봉 태실로 조성했다.

2) 아기씨 태실과 가봉 태실의 규모[8]

처음 태실을 접하게 되면 다 같은 태실로 인식하기 쉽지만 태실의 형태는
신분에 따라 다르다. 이게 무슨 말인가 하면 쉽게 왕의 태실과 왕자·왕녀의 태
실이 차이가 있는데, 학술 용어로는 태실은 아기씨 태실과 가봉 태실로 구분한
다. 여기서 아기씨 태실은 왕이나 세자의 자녀로 태어날 경우 조성되는데, 길지

---

5) 영주 소헌왕후 태실은 경상북도 영주시 순흥면 배점리 산22-2번지로, 초암사를 출발해 국망봉으로 오르는 등산로 상
   에 있다. 현재 태실지는 분묘가 들어섰고, 주변으로 동자석주와 우전석, 횡죽석 등의 석물이 흩어져 있다.
6) 예천 폐비윤씨 태실은 경상북도 예천군 용문면 내지리 산83번지로, 예천 용문사에 자리하고 있다. 현재 태실지에는 가
   봉비와 태함의 개석이 노출되어 있다.

인 태봉의 정상에 땅을 판 뒤 태항아리와 태지석 등을 넣은 태함을 묻고, 그 위를 흙으로 덮어 봉분을 조성했다. 이후 봉분 앞에 태실비를 세웠는데, 아기비 혹은 안태비로도 불린다. 또한 아래 청주 인성군 태실의 모습이 아기씨 태실의 형태라고 할 수 있다. 이러한 아기씨 태실의 주요 석물은 태실비와 태함으로, 태실비의 경우 조성 시기에 따라 형태적 도상의 변화가 뚜렷하다. 또한 태함 역시 형태적 도상의 변화와 함께 내부에 습기 제거와 배수를 위한 구멍이 있는 것이 특징이다.

청주 인성군 태실, 아기씨 태실의 형태를 잘 보여준다.

보은 순조 태실, 앞쪽에 가봉비가 있고, 뒤로 장태 석물이 가설된 형태다. 아기씨 태실과는 그 형태의 차이가 뚜렷하다.

　　반면 가봉 태실은 태주가 왕위에 오를 경우 해당되는 기존의 아기씨 태실 자리에 추가로 석물을 가설하는 형태로, 위의 순조 태실의 형태가 가봉 태실이다. 태실의 가봉이 결정되면 기존의 아기씨 태실 위에 장태석물을 추가로 가설하고 가봉비를 세웠다. 이때 태함이 있던 자리에 상석을 깔고, 그 위에 중앙태석(개첨석+중동석+사방석)을 올렸다. 바깥으로는 전석을 깐 뒤 그 위에 난간석을 이루는 주석과 동자석을 끼우고, 횡죽석을 두른 형태다. 흡사 외형만 보면 왕릉의 축소판이라고도 할 수 있다. 이러한 장태석물의 앞쪽에 가봉비를 세웠는데, 형태는 귀롱대석龜籠臺石과 비신碑身, 이수螭首로 구성되어 있다.

서산 명종 태실, 『태봉등록』의 기준으로 보면 1등급지의 태실로, 지금도 석물이 온전하게 남아 있어 태실 가운데 유일하게 보물로 지정된 사례다.

이러한 태실은 신분에 따라 규모도 달랐는데, 『태봉등록』에 기록된 태실의 규모를 표로 정리하면 다음과 같다.

〈표-1〉 신분에 따른 태실의 규모[9]

	금표(禁標)	수직(守直)	가봉(加封)
1등급지(왕)	300보	○	○
2등급지(대군)	200보	×	×
3등급지(공주 · 군 · 옹주)	100보	×	×

태실의 규모는 태주의 신분에 따라 달랐는데, 태주가 왕인 경우[7] 1등급지로 분류되는데, 왕이 될 세자나 원손인 경우 태실을 조성할 때 가봉을 염두에 두고 입지를 조성했다. 이처럼 왕의 태실은 태실을 중심으로 금표禁標 범위가 사방 300보이며, 별도의 수직守直을 두어 태실을 관리했다. 또한 다른 태실과 달리 왕의 태실은 가봉加封이 이루어 졌다. 현재까지 확인된 경기도의 가봉 태실 사례는 ▶광주 태전동 성종 태실 ▶가평 중종대왕 태봉 ▶포천 성동리 문조 태실 등 총 3곳이다. 반면 2등급지와 3등급지의 경우 왕비 소생의 대군이냐 아니냐에 따라 달라졌는데, 대군일 경우 금표 범위가 200보로 설정되었다. 반면 그 이외에 왕자·왕녀는 100보로 조성되었으며, 이때 사방의 경계에 금표禁標를 세웠다.

창경궁으로 옮겨진 성종 태실

---

7) 예외 사례가 있다면 조선 초기에 조성된 왕비 태실이 있으며, 예천 사도세자 태실의 경우 왕이 아닌 세자의 신분으로 태실의 가봉이 이루어진 최초의 사례다. 포천 성동리 문조 태실의 경우 태실의 가봉은 '익종翼宗'으로 추존 된 이후 이루어졌던 것과 비교해보면 이례적인 사례임은 분명하다.

가평 중종대왕 태봉

포천 성동리 문조 태실

여기서 금표禁標는 어떠한 행위의 금지를 목적으로 새긴 표석이다. 즉 태실을 보호하기 위해 태실의 무단 침입을 금지하고, 태실 내 내무를 베거나 밭으로 개간하는 등의 행위를 금지했다. 금표는 태실을 중심으로 사방의 경계에 세웠는데, 현재 보은 순조 태실과 영월 철종 원자 융준 태실에 금표가 남아 있다. 특히 보은 순조 태실의 경우 금표의 뒷면에 '서西'가 새겨져 있어, 순조 태실의 서쪽 경계에 세운 것으로 확인된다.

보은 순조 태실의 금표, 뒷면에 서西가 새겨져 있어 태실을 중심으로 사방의 경계 금표를 세웠음을 알 수 있다.

영월 철종 원자 융준 태실의 금표, 뒷면에 함풍구년이월일咸豐九年二月日이 새겨져 있어,
1859년(철종 10) 2월에 세워진 것을 알 수 있다.

보은 순조 태실의 화소 표석

홍성 순종 태실의 화소 표석

　　화소火巢는 산불이 능원이나 태실 등으로 번지는 것을 막기 위한 것으로, 화소 구역 내에는 불에 타기 쉬운 나무와 풀 등의 발화요인을 제거하는 것을 말한다. 화소의 설정은 바깥쪽에서 능원이나 태실의 안쪽으로 산불이 번지는 것을 막기 위한 일종의 완충지대다. 따라서 화소의 설치는 능원과 태실 등을 조성할 때 필수적인 공간으로, 영조의 어머니 숙빈 최씨의 원소인 소령원을 그린 「소령원화소정계도昭寧園火巢定界圖」에는 붉은 색 선으로 화소의 설정 구역을 그렸다.[10] 이러한 화소 표석의 실물은 보은 순조 태실과 홍성 순종 태실 단 두 곳만 남아 있다.

포천 성동리 문조 태실의 하마비

충주 경종 태실의 하마비

영천 은해사에 세워진 하마비(인종 태실)

보은 법주사에 세워진 하마비(순조 태실)

금표와 화소 표석과 함께 주목해야 할 비석은 하마비下馬碑다. 하마비는 보통 궁궐과 왕릉, 향교와 서원 등 왕실 혹은 유교적인 건축물에 세워지던 비석으로, 하마비가 세워진 장소는 신분의 지위 고하를 막론하고 이곳부터는 말에서 내려 걸어가라는 의미다. 이는 하마비가 세워진 장소가 중요하게 인식되었음을 보여준다. 실제 이러한 하마비를 지날 때 말에서 내리지 않고 그냥 지나치는 경우를 범마犯馬라고 해서, 탄핵과 처벌로 이어진 사례도 있다. 하마비가 태실에 세워진 사례는 ▶포천 성동리 문조 태실 ▶충주 경종 태실 ▶영천 인종 태실 ▶보은 순조 태실 등이 있다.

2. 태실의 조성 과정[11]

태실의 조성을 이해하기 위해서는 아기의 탄생과 그 이후 태를 수습한 뒤 태항아리에 봉인하는 세태 의식이 이루어졌다. 세태 의식은 『최숙의방호산청일기崔淑儀房護産廳日記』를 통해 대략적인 흐름을 알 수 있다. 아기가 태어나면 태를 수습한 뒤 길한 방향에 두었고, 3일 뒤에 태를 물로 100번 씻고, 향온주香醞酒[8]로 다시 태를 씻었다. 이후 태를 내항아리에 넣은 뒤 봉인하고, 내항아리는 외항아리에 넣었는데, 감당甘糖[9]을 사용해 입구를 밀봉했다. 이후 태항아리의 바깥에 있는 4개의 고리에 붉은색 끈을 묶고 홍패를 달았다. 홍패의 전면에는 태주의 생년월일과 생모를 적고, 후면에는 담당 내관과 의관의 이름을 적었다. 마지막으로 외항아리를 다시 큰 항아리에 넣은 뒤 바깥쪽에 '근봉謹封'이라 쓰고, 봉출이 되기 전까지 다시 길한 방향에 보관했다. 옆의 사진 속 태항아리가 세태 의식을 마친 뒤의 모습이다.

홍패를 단 태항아리. 이 과정까지 마치면 큰 항아리에 태항아리를 넣고, 봉출 이전까지 길한 방향에 보관하게 된다.

---

8) 향온주香醞酒: 술의 일종으로 향온국香麴이라는 누룩을 발효해 만들었다. 세태 의식에서는 물로 씻은 태를 다시 씻을 때 사용되었다.

9) 감당甘糖: 엿이나 꿀 등을 지칭함

이후 관상감觀象監[10]의 주도 하에 태를 묻을 장소와 길일을 택하는 과정이 이루어졌는데, 이때 삼망단자三望單子(세배 수 추천)를 왕에게 올려 선택을 하게 했다. 이렇게 태실지가 결정되면 선공감繕工監[11]의 주도로 태실 조성 공사가 시작되는데, 주로 도로의 수선과 태실에 쓰일 잡물 같은 것을 준비했다. 이를 위해 조정에서는 태실지 주변 고을에 필요한 인력과 물자를 할당했다. 이렇게 공사가 마무리 될 즈음 태胎를 태봉으로 묻으러 가는 책임자인 안태사安胎使는 흑단령黑團領을 차려 입은 뒤 태를 넣은 함을 가마에 옮겨 태실지로 호송했다. 태실지에는 하루 혹은 이틀 전에 도착해 길일에 맞추어 태의 안치 및 제례가 이루어졌다. 이후 안태사는 태실비를 세우고, 거리를 측량해 금표를 세우는 것으로 태실의 조성이 마무리 되었다.

봉출 의식, 성주 세종대왕자 태실의 태 봉안 행렬을 재현한 모습이다.

---

10) 관상감觀象監: 조선시대의 관서 중 천문과 지리, 기상 관측, 점산占算 등을 담당했다.
11) 선공감繕工監: 조선시대의 관서 중 토목과 건축물의 수리 등을 담당했다.

1) 가봉 태실의 조성 과정[12]

앞선 태실은 아기씨 태실의 조성 과정으로, 이 가운데 훗날 태주가 왕이 되는 경우 별도의 가봉加封을 하게 되는데, 이를 가봉 태실이라 한다. 보통 가봉 태실은 태주가 자신의 재위 기간에 세우거나 혹은 후대의 왕이 별도의 가봉을 하는 방식으로 추진되었다. 두 과정 모두 동일하게 예조에서 공론화를 거쳐 왕에게 주청을 하고, 이에 왕이 재가를 내리는 방식으로 이루어졌다. 이때 아기씨 태실을 조성할 때처럼 관상감에서 길일을 올려 택하는 과정을 거치게 되고, 이후 길일이 정해지면 태실 주변 고을에 인력과 물품을 할당했다.

예천 문종 태실, 가봉비와 뒤로 장태 석물이 배치되어 있다.

예천 장조 태실

특히 가봉 태실의 경우는 석재의 사용이 많기에 공사에 투입되는 인력이 많은 것은 물론 석재의 수급 역시 쉽지 않은 일이었다. 왜냐하면 당시는 도로 사정이 좋지가 않았기에 석재의 이동 과정에서 논과 밭이 손상되는 사례가 많았다. 따라서 가급적이면 석재는 태실지에서 가까운 곳에서 뜨도록 했다. 문제는 또 있었다. 가봉 태실의 조성은 국책사업의 하나였기에 많은 인력이 동원되어야 했다. 하지만 농번기에 백성을 동원하는 것은 피해야 했고, 천재지변이나 흉년, 역병 등이 있을 경우 가봉 태실을 조성하는 것은 불가능했다. 때문에 이러한 이유로 가봉이나 수개修改[12]를 미루는 사례도 확인된다.

---

12) 수개修改: 닦고 수리한다는 의미로, 이 경우 태실의 수리를 의미한다.

예천 폐비 윤씨의 가봉비, 전면에
왕비태실王妃胎室이 새겨져 있다.

예천 장조 태실의 가봉비, 전면에
경모궁태실景慕宮胎室이 새겨져 있다.

영월 정조 태실의 가봉비, 전면에
정종대왕태실正宗大王胎室이 새겨져 있다.

한편 가봉비에 새기는 명문 역시 규정이 되어 있는데, 『일성록』을 보면 다음과 같은 구절이 있다.

"열성조列聖朝에서는 어극御極한 뒤에 가봉을 하게 되면 앞면에 '주상전하 태실主上殿下胎室'이라고 쓰고, 추봉追封한 뒤이면 묘호廟號로 'ㅁㅁ대왕 태실ㅁㅁ大王胎室'로 쓰며, 뒷면에는 연호年號, 몇 년, 몇 월, 며칠을 써 넣었습니다"[13]

- 『일성록』 정조 9년 을사(1785) 1월 25일 중

위의 기사에서 볼 수 있듯 가봉비의 명문은 태주가 자신의 생전에 태실을 가봉할 경우 주상전하태실主上殿下胎室을 새겼고, 태주가 승하한 이후 가봉이 될 경우 묘호廟號를 썼다. 지금이야 우리는 너무나 당연히 세종이라는 묘호를 쓰지만, 정작 세종은 자신이 세종인지도 몰랐다. 왜냐하면 묘호는 왕이 승하한 이후 다음 왕에 의해 올려졌기 때문이다. 이와 함께 태실비에서 조성 시기를 알 수

있는 연호^{年號}를 주목해야 하는데, 조선시대의 연호는 병자호란 직전까지는 명나라의 연호를 사용했다. 하지만 명나라가 망한 뒤에는 공식적으로는 청나라의 연호가 사용된다. 특히 드물기는 하지만 현종의 아기비 사례처럼 대청^{大淸}이 새겨진 사례도 확인된다. 하지만 명나라가 망했음에도 여전히 조선 사회에서는 공식·비공식적으로 명나라의 연호가 사용되었는데, 이때 연호는 숭정기원후^{崇禎紀元後}다. 여기서 숭정은 명나라의 마지막 황제인 숭정제^{崇禎帝}를 뜻한다.

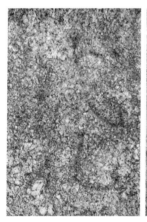

순천 왕자 수견 태실비에
새겨진 성화^{成化}

현종의 아기비 전면에 새겨진
대청숭덕^{大淸崇德}

사천 세종대왕 태실 가봉비에 새겨진
숭정기원후^{崇禎紀元後}

2장

경기도 태실의
특징과 현황

1. 태실지로 경기도가 주목받은 이유[14]

조선왕실의 태실은 초기에 하삼도下三道라 부르는 경상도와 전라도, 충청도 일대를 중심으로 조성되었다. 그런데 이러한 흐름은 세조를 기점으로 달라졌는데, 세조의 손자인 월산대군月山大君 (1454~1488)[13]과 자을산군(성종, 재위 1469~1494)[14], 제안대군齊安大君 (1466~1525)[15]의 태실이 모두 경기도에 조성된 것이다. 이러한 흐름을 보면 성종이 즉위하기 전에 이미 태실을 조성하는 데 있어 경기도를 주목했던 것으로 봐야 한다. 이를 이해하기 위해서는 세조의 면면을 이해할 필요가 있는데, 세조는 자신의 왕릉 조성과 태실의 가봉 등에 관해서 기존의 관례와는 다른 모습을 보였다. 가령 세조의 태실은 성주 선석산에 있는 성주 세종대왕자 태실에 있는데, 이곳에는 세조의 대군[16][17] 시절 태실과 가봉비가 세워져 있다.

---

13) 덕종과 소혜왕후 한씨 소생의 장남, 서울 월산대군 이정 태실(서울특별시 기념물 제30호), 해당 태실은 현재 서울시에 있으나, 태실 조성 당시에는 경기도에 속했다.

14) 덕종과 소혜왕후 한씨 소생의 차남, 훗날의 성종

15) 예종과 안순왕후 한씨의 소생

16) 세조는 대군 시절인 1428년 6월 16일 세종으로부터 대광보국 진평대군에 봉해졌으며, 1433년 7월 1일 진양대군으로 봉해졌다. 흔히 우리가 알고 있는 수양대군의 경우 1455년 2월 11일에 고쳐 불렀기에 '수양대군=세조'로 인식되는 것이다.

17) 조선왕실의 경우 장자 계승이 원칙이었기에, 종법 질서를 따르자면 수양대군은 애초 왕위에 오를 수가 없었다. 그럼에도 수양대군은 계유정난(1453)을 일으켜 권력을 장악, 이후 조카인 단종의 왕위를 찬탈했다.

세조의 태실, 가봉비 뒤로 아기비와 장태 석물이 있다.

단종端宗의 사례에서 보듯 왕이 될 경우 태실을 가봉하는 것이 관례였고, 세조의 태실은 다른 왕자들의 태실과 집장된 상태였기에 다른 길지로 이봉해 태실을 가봉하는 것은 너무나 당연했다. 그랬기에 예조에서도 이 같은 관례를 언급하며 세조의 태실을 옮긴 뒤 가봉할 것을 주청했는데, 뜻밖에도 세조는 예조의 이 같은 주청을 물리쳤다. 오히려 선석산에 있는 태실을 그대로 두는 대신 기존의 표석을 없애고, 이를 대신할 가봉 태실비를 세우도록 했는데, 그 내용은 다음과 같다.

"...조종祖宗의 고사故事에 의하여 따로 자리를 보아 어태御胎를 이안하기를 청하였으나, 윤허하지 아니하고 이르기를, '형제가 태胎를 같이하였는데 어찌 고칠 필요가 있겠는가?' 하시고, 의물儀物을 설치하기를 청하여도 역시 윤허하지 아니하시며 다만 표석을 없애고 비碑를 세워 기록할 것을 명하여 힘써 일을 덜게 하셨다."[15]

- 『세조실록』 권29, 세조 8년(1462) 9월 14일 중

실제 세조 시기의 태실 조성은 기존의 관례에서 벗어난 경우가 많았는데, 대표적으로 정희왕후貞熹王后 태실의 사례가 그렇다. 조선 초기 만해도 왕비의 태실이 조성되었는데, 현재까지 확인된 왕비의 태실은 ▶영주 소헌왕후 태실 ▶홍천 정희왕후 태실 ▶예천 폐비윤씨 태실이 있다. 그런데 소헌왕후와 폐비윤씨의 태실에서는 가봉 태실의 흔적이 남아 있는 반면 정희왕후의 태실은 관련 흔적이 전혀 발견되고 있지 않다. 물론 정희왕후의 태실이 있다는 기록은 있는데, 『신증동국여지승람』에는 정희왕후의 태실이 홍천 공작산[16]에 있고, 『성종실록』의 교차 검증을 통해 정희왕후가 홍천의 공아公衙에서 태어난 것이 확인된다.[17] 다만 별도의 가봉 기록은 확인되지 않는데다 태실지로 추정되는 수타사 뒷산과 덕치천 건너편 태능산에서도 가봉 태실의 흔적은 발견되지 않았다.[18]

공작산과 홍천 수타사, 태실 추정지인 수타사 뒷산(A) 덕치천 건너편 태능산, 태실 추정지(B)

영주 소헌왕후 태실, 우전석 예천 폐비윤씨 태실, 가봉비와 노출된 태함 개석

　　앞서 소헌왕후의 태실을 가봉했던 전례가 있기에 세조 역시 의지만 있다면 충분히 정희왕후 태실에 대한 가봉을 할 수 있었다. 그럼에도 정희왕후의 태실에 대한 가봉 기록이 없는 것은 세조가 자신은 물론 정희왕후 태실에 대한 가봉 의지가 없었던 것으로 추정되는 대목이다. 이는 광릉光陵의 조성 과정을 보면 알 수 있는데, 세조는 자신의 능과 관련해 "죽으면 속히 썩어야 하니, 석실石室과 석곽石槨을 마련하지 말라."는 유언을 남겼다.[19] 이러한 유언은 왕릉 공사에 동원되는 백성들의 부역을 경감해주기 위한 것으로, 이는 태실의 조성 과정에

서 어려움을 겪는 백성들의 고충을 헤아린 결과로 해석할 수 있다. 이렇게 본다면 기존까지 하삼도를 중심으로 이루어지던 태실의 조성이 세조의 이 같은 인식 속에 한양에서 가까운 경기도에 태실을 조성하는 것으로 인식이 변화되기 시작했음을 보여준다.

당시 태실을 바라보는 백성들의 시각이 결코 우호적이지는 않았다. 『중종실록』을 보면 장령 권벌權橃이 원자(인종)의 태실을 조성할 안태지를 찾기 위해 경산으로 내려갔는데, 이 소식을 들은 안태지 주변, 집과 밭을 가진 백성들이 울부짖었다고 한다.[20] 왜 이런 표현이 나왔냐 하면 태실이 조성될 경우 집이나 밭 모두 철거를 피하지 못했기 때문이다. 실제 태실의 조성과 수개 과정에서 백성들이 부역에 동원되었고, 석재를 옮기는 과정에서 백성들의 논과 밭이 손상되는 사례도 있었는데, 심택현沈宅賢이 다음과 같이 아뢰자 영조가 따랐다.

> "충주忠州의 태실胎室을 증축할 때 석물石物을 끌어 운반하자면 밭곡식이 많이 손상될 것입니다. 혹 값을 쳐주든지 혹 부역을 면제해 주든지 백성들을 위로해 주는 방도가 없어서는 안 되겠습니다."[21]
>
> – 『국조보감』 권 58, 영조조 2 중

위에서 볼 수 있듯 조정에서도 백성들의 불만이 높아지지 않게 금전적인 보상 혹은 부역을 면해주는 방식으로 무마했다. 그런데 이러한 인식은 비단 백성뿐만이 아닌 관리들도 인식했던 것으로 보인다. 『연려실기술』은 율곡 이이의 『석담일기』를 인용해 민생을 도외시한 채 태실 공사에만 매달리는 행태에 대해 다음과 같이 비판했다.

"이 흉년에 민생이 도탄 중에 있는 때를 당하여 대신과 대간들이 임금을 도와 백성을 구제하는 데 급급하지 아니하고, 바르지 못한 말에 미혹해서 여러 번 성태聖胎를 옮겨서 3도의 민력民力을 다하고도 구휼하지 않음은 무엇 때문인 가. 산릉의 자리를 가려서 정하는 것이 태를 묻는 것보다 중한데도 오히려 고 장古藏을 피하지 않고 남의 분묘墳墓까지 파내는데, 태를 묻는 데는 오히려 옛 자리를 피하는 것은 무슨 까닭인가. 또 국내의 산은 다만 정한 수가 있고 역 대는 무궁하니 한 번 쓴 곳은 다시 쓰지 못한다면 다른 나라에 구할 것인가. 그것을 계속할 도리가 없음이 명백하다."[22]

- 『연려실기술』 별집 제2권 사고전서祀典典故, 장태藏胎 중

위의 기록에 등장하는 성태聖胎는 선조의 태실로, 선조가 왕위에 오른 뒤 최초 잠저潛邸[18]에 있던 태를 찾아 춘천에 태실을 조성하려고 했다. 그런데 태실 의 조성 과정에서 분묘가 확인되어 결국 공사는 중단되고, 결국 임천군林川郡[19] 으로 옮겨 태실을 조성했다. 이이가 문제를 제기한 것은 바로 이 지점이다. 가 뜩이나 나라의 흉년이 들어 민생은 도탄에 빠졌는데, 조성 중이던 태실에서 분 묘가 나왔다는 이유로 공사를 취소하고 임천군으로 새로 옮겨 조성한 것에 대 한 문제 제기였다. 즉 태실 공사에 공력이 집중되어 정작 백성들의 구휼에 나서 지 못한 것에 대한 문제점을 지적한 것이라 할 수 있다.[23]

---

18) 잠저潛邸: 임금이 되기 전에 살던 집
19) 임천군林川郡: 현 충청남도 부여군을 말한다.

춘천 현암리 태봉 귀부, 선조의 최초 태실지로 추정되는 곳이다.

　　이처럼 태실의 조성 역시 왕릉과 마찬가지로 국책사업에 속했고, 이러한 백성들의 고충을 경감시키기 위한 세조의 이 같은 인식이 관례와는 어긋난 형태로 나타난 것으로 봐야한다. 이러한 배경에서 경기도에서 태실을 찾으려는 노력이 있었고, 그 결과 월산대군과 자을산군(성종), 제안대군의 태실 등이 경기도에 조성되었던 것이다. 그리고 이러한 흐름의 연장선상에서 이후 즉위한 성종은 전교를 내려 태실지를 경기도에서 찾도록 독려했던 것이다.

> 　　"…'일반 사람은 반드시 모두들 가산家山에다가 태胎를 묻는데, 근래에는 나라에서 땅을 가리는 것이 비록 정결精潔하기는 하나, 대길大吉한 응험應驗이 없으니, 풍수風水의 설說은 허탄虛誕하다고 할 수 있다.' 하였으니, 그 〈안태安胎할〉만한 땅을 경기京畿에서 고르도록 하라."[24]
>
> 　　　　　　　　　　　　　　　- 『성종실록』 권73, 1476년(성종 7) 11월 28일 중

한편 『성종실록』을 보면 1493년(성종 24)에 태실과 관련한 논의가 있었는데, 허종은 성종에게 "장태하는 곳은 전지田地가 반드시 많이 묵으니, 청컨대 장태하는 한 봉峯외에는 경작을 금하지 말게 하소서."라고 아뢰었다. 이를 의역하면 태실 주변의 금표 범위 안에 밭이 많이 포함이 되니 장태하는 한 봉우리 외에는 경작을 금하게 해달라는 내용이다. 또한 같은 날 첨지중추부사僉知中樞府事 권정權侹은 왕자·옹주의 태를 다음과 같이 조성할 것을 성종에게 아뢰었다.

> "강원도江原道 · 황해도黃海道는 태봉胎峯을 많이 얻기가 쉽지 아니합니다. 신의 생각은 왕자군의 태胎 외에 옹주翁主의 태는 한 곳에 묻도록 하고, 또 삼각산三角山 근처에 땅을 골라서 묻도록 하는 것이 적당할 듯합니다."[25]
>
> – 『성종실록』 권238, 1493년(성종 24) 10월 10일 중

태봉을 얻기 쉽지 않기에 비교적 가까운 삼각산三角山(현 북한산) 근처의 땅을 주목한 내용이다. 또한 왕자의 태실은 이와 별개인 것을 알 수 있는데, 1476년(성종 7)에 왕자녀의 태실을 경기도에서 찾으라는 성종의 전교를 감안할 때 있었던 1493년 이전에 태어난 성종의 자녀 태실의 상당수가 경기도에 조성되었을 가능성이 높다.[20] 이를 보여주는 것이 〈표-2〉에서 확인되는 경기도 소재 성종의 자녀 태실 현황이다.

이러한 흐름은 영조 때도 확인되는데, 영조의 자녀 가운데 ▶연천 유촌리 태실(제4왕녀) ▶안성 성은리 태실(제6왕녀) ▶포천 무봉리 태봉(제8왕녀) ▶포천 만세교리 태봉(화완옹주) 등의 태실이 경기도에 조성되었다. 특히 영조는 무분별

---

20) 연산군의 태실지로 추정되는 광주 목현동 태봉 이외에 아직 미 발견이거나 태실 유적이 유실된 사례 가운데서도 성종의 자녀 태실이 추가로 있을 가능성이 있다.

하게 태봉을 확대하는 것에 대해 부정적인 시각을 가지고 있었고, 그 폐단에 대해서도 고민한 것으로 보인다. 때문에 을유년(1765)에 태실을 창덕궁 후원에 조성할 것을 명하기도 했다.

"경복궁景福宮의 위장衛將이 구궐舊闕의 곁에서 석함石函 하나를 얻어서 바쳤다. 임금이 가져오게 하여 보니, 곧 석함에 봉태封胎한 것이었는데, 석면石面에 새겨지기를 '왕자王子로 을사년 5월 일, 인시寅時에 태어났다.'고 되어 있었다. 임금이 옥당玉堂에 명하여 보략譜略을 상고하여 찾아 아뢰라고 하였다. 이어서 하교하기를,

"국초國初의 헌릉獻陵 능 위에 있는 4방석四方石이 민폐民弊가 크다고 하여 성조聖祖께서 친히 능소陵所에 나아가시어 양편석兩片石으로 고치게 하셨다. 《국조능지國朝陵誌》에 옛날에는 돌로써 하라고 되어 있는데, 나는 정축년 이후에 열조列朝의 검소한 덕德을 우러러 본받아 도자기磁로 대신하게 하였다. 막중한 곳인 능陵도 오히려 그러하였거든, 하물며 그 다음 가는 것이겠는가? 장태藏胎하는 폐단은 내가 익히 아는 바이다. 고례古例를 고치기 어려우나, 지금 구궐舊闕에서 장태藏胎한 석함石函을 얻었는데, 이는 중엽中葉 이후의 일이다. 이전에 이미 봉태封胎한 것은 지금에 와서 논할 것이 없고, 지금부터는 장태를 할 때는 반드시 어원御苑의 정결淨潔한 곳에 도자기 항아리에 담아 묻게 하고 이로써 의조儀曹에 싣게 하라."

하고, 드디어 정식定式으로 삼았다."[26]

— 『영조실록』 권105, 1765년(영조 41) 5월 13일 중

창덕궁 주합루, 『정조실록』을 보면 정조와 수빈 박씨 소생의 숙선옹주 태실을 주합루 뒤쪽 돌계단에 묻었다고 한다.

　이러한 을유년의 하교는 이후 정조 때 숙선옹주淑善翁主[21]의 태실을 창덕궁 주합루 뒤 돌계단에 묻는 방식으로 이어졌다. 또한 고종 때는 ▶영친왕 ▶덕혜옹주 ▶고종 제8남 ▶고종 제9남 태실 등이 후원에 조성되었다.[27] 『태봉등록』을 보면 영조는 자신의 가봉 태실을 조성할 때 전례에 얽매이지 않고, 태실의 규격을 간소하게 하려는 노력을 보였다. 이는 무분별한 태실의 조성을 억제해 백성들의 고충을 경감시키고자 했던 영조의 의지가 반영된 것으로 봐야 한다.

---

21) 숙선옹주淑善翁主: 정조와 수빈 박씨의 소생으로, 순조의 동복여동생이다.

2. 경기도 태실의 석물 변화 과정

　이처럼 성종 시기를 기점으로 본격적으로 경기도에 태실이 조성되기 시작하는데, 경기도에 조성된 성종의 자녀 태실 중 현재까지 확인된 내용을 정리하면 다음 표와 같다.

〈표-2〉 경기도 소재 성종 자녀 태실 현황

순번	태실	태주	출생일	입비연도
1	고양 지축동 성종 왕녀 태실	성종 왕녀	–	1477년 6월 19일
2	광주 원당리 성종 왕녀 태실(A)	성종 왕녀	–	1481년 7월 21일
3	광주 원당리 성종 왕녀 태실(B)	공신옹주	1481년 3월 11일	1481년 7월 24일
4	남양주 내각리 태봉	성종 왕자 / 수장	1482년 2월 23일	1482년 6월 26일
5	가평 중종대왕 태봉	중종	1488년 3월 5일	1492년 9월 7일
6	양주 황방리 태실	정혜옹주 / 승복	1490년 3월 6일	1492년 7월 17일
7	남양주 광전리 태실	성종 왕자 / 금수	–	1493년 5월 4일
8	파주 정자리 태실	성종 왕자 / 옥랑	–	1493년 9월 8일
9	안성 배태리 태실	성종 왕자	–	1493년 10월 ?일
10	양평 대흥리 태실	성종 왕자 / 부수	1490년 2월 28일	1494년 6월 10일
11	파주 영산군 태실	영산군 / 복숭	1490년 윤9월 24일	1494년 8월 25일

　특히 성종 시기의 경우 경기도에 태실이 본격적으로 조성되기 시작했고, 태실 석물의 외형 변화가 뚜렷하다. 이 시기 태실비의 변화 과정이 확인되는데, 가령 초기에 조성된 태실비의 외형은 대체로 비신과 비대가 한 몸인 형태로, 비의 머리에 해당하는 비수의 형태는 각각의 태실에 따라 변화의 양상이 구분된다. 성종 시기에 조성된 초기 태실비의 비수 형태는 규형圭形[22] 혹은

---

22) 규형圭形: 상단이 평평하며 끝부분이 각이 진 형태

규수圭首[23]다. 대표적으로 ▶성주 세종대왕자 태실 ▶서울 월산대군 이정 태실 ▶양평 제안대군 태실 ▶파주 정자리 태실 ▶안성 배태리 태실 등에서 찾을 수 있으며, 원주 대덕리 태실의 경우 비수가 둥그스름한 원수圓首 형태다.

　하지만 유사한 시기에 조성된 ▶고양 지축동 성종 왕녀 태실 ▶광주 원당리 성종 왕녀 태실(A),(B) ▶양주 황방리 태실의 경우 비수의 변화 양상이 뚜렷한데, 이들 태실비의 외형을 보면 비수는 하엽荷葉[24]의 형태를 보이고 있으며, 상단에 연봉이 있는 것이 특징이다. 이처럼 서로 다른 형태의 태실비가 혼재되어 나타나고 있으며, 성종 이후부터 태실비의 비수 부분에서 하엽 형태와 연봉이 일관되게 나타난다는 점을 고려해보면 성종 시기는 초기 태실비가 변화하는 과도기적 성격으로 정의할 수 있다. 아래 〈표-3〉에서 볼 수 있듯 파주 정자리 태실과 안성 배태리 태실의 비수는 규형圭形 혹은 규수圭首 형태를 보인 반면 이전에 조성된 광주 원당리 성종 왕녀 태실의 경우 비수에 하엽과 상단의 연봉이 확인된다.

〈표-3〉 경기도 아기비의 비수 변화

경기도 아기비의 비수 변화			
파주 정자리 태실의 비수	안성 배태리 태실 비수	김포 조강리 인순공주 태실 비수	포천 만세교리 태봉의 비수

---

23) 규수圭首: 상단이 삼각형인 형태
24) 하엽荷葉: 연꽃의 잎을 형상화

다음으로 태실비에서 눈여겨봐야 할 변화는 비대의 존재다. 앞서 살펴
본 초기 태실비의 경우 별도의 비대가 없는 비신과 비대가 한 몸인 형태다. 반
면 조선 중기에 제작된 태실의 비대에서는 장방형의 형태에 복련覆蓮[25]과 안상
眼象[26]이 새겨진 특징을 보이는데, ▶김포 조강리 인순공주 태실 ▶김포 고막리
신성군 태실 ▶화성 정숙옹주 태실 ▶가평 태봉리 영창대군 태실 ▶파주 축현
리 태실 등에서 확인된다. 이러한 형태의 비대는 시기상 중종 때부터 숙종 시기
까지 확인되며, 조선 중기의 태실비에서 나타나는 양상이라고 볼 수 있다. 반면
영조 시기가 되면 도상의 변화가 나타나기 시작하는데, 이전과 달리 장방형의
형태이지만, 아무런 문양이 없는 것이 특징이다. 〈표-4〉에서 볼 수 있듯 비대의
경우는 시기에 따라 형태의 차이가 확연하게 드러난다. 따라서 태실비의 시기
를 추정하는 데 있어 근거로 삼을 수 있다.

〈표-4〉 경기도 아기비의 비대 변화

경기도 아기비의 비대 변화			
파주 정자리 태실	김포 조강리 인순공주 태실	화성 정숙옹주 태실	연천 유촌리 태실

한편 태실비와 함께 시기를 규명하는 데 있어 중요한 자료가 바로 태함이

---

25) 복련覆蓮: 연꽃이 아래로 향한 모습으로, 주로 탑이나 부도에서 많이 나타난다.
26) 안상眼象: 원형 혹은 장방형의 형태로 파낸 조각이다. 안상과 관련해 코끼리의 눈처럼 생겼다고 보기도 하며, 상床의
　　다리 문양으로 보기도 하지만 확실치는 않다. 주로 탑이나 부도, 비석 등에서 확인되는 문양이다.

다. 태함이란 석함石函으로도 불리는데, 태항아리와 태지석을 보관하던 일종의
돌항아리의 개념이다. 태함의 형태는 크게 태함의 몸체인 함신과 머리인 개석
으로 구분된다. 특히 함신의 경우 배수 및 습기 제거를 위한 구멍이 있는 것이
특징이다. 이러한 태함은 시기에 따라 그 형태적 도상의 차이가 분명한데, 대략
다음 표와 같이 정리된다.

〈표-5〉 경기도 태실의 태함 변화

경기도 태실의 태함 변화			
가평 중종대왕 태봉	파주 축현리 태실	안성 성은리 태실	포천 무봉리 태봉

　　위의 표에서 볼 수 있듯 초기 태실의 태함은 개석이 둥그스름한 형태를 보
이는 반면 조선 중기가 되면 ▶김포 고막리 신성군 태실 ▶파주 축현리 태실 ▶
안산 고잔동 태실의 태함처럼 4개의 돌기가 돌출된 개석의 형태를 보인다. 이
러한 형태는 조선 후기가 되면 변화의 양상을 보이는데, 가령 안성 성은리 태실
의 경우 개석 규수 형태의 연봉형 보주가 있는 형태인 반면 포천 무봉리 태봉의
경우 평평한 원형의 형태를 보이고 있다. 이처럼 태함 역시 아기비와 함께 시기
에 따라 형태가 상이하기에 태실의 조성 시기를 이해하는 데 있어 중요한 자료
라고 할 수 있다.

3. 경기도 태실의 현황과 보존 필요성

　　지난 2020년 경기문화재연구원에서 전수 조사한 경기도의 태실은 태실로 밝혀진 곳이 33곳(태주 확인 24곳, 미확인 9곳)으로, 묘와 태실을 함께 쓴 분묘병장 墳墓幷藏의 사례 역시 2곳이 확인되었다.[27] 또한 태봉의 지명을 가진 장소 역시 30곳이 확인되었는데, 그 내용은 아래 표와 같다. 이러한 경기도 태실의 현황 자료는 향후 태실을 연구하는 데 있는 중요한 근거가 될 전망이다.

〈표-6〉 경기도 태봉 태실 조사 현황표[28]

구분		개소	유적명	
분묘병장	태주확인	2	고양 대자동 정소공주 태실	고양 신도동 고종 제4남 태실
태실	태주확인	24	가평 상색리 중종 태실 가평 태봉리 영창대군 태실 고양 지축동 성종왕녀 태실 광주 태전리 성종 태실 광주 원다리 성종왕녀 태실 광주 원당리 왕자돈수 태실 김포 고막리 신성군 태실 김포 조강리 인순공주 태실 남양주 광전리 왕자금수 태실 남양주 내각리 왕자수장 태실 남양주 내각리 배나무골 왕녀영수 태실 안산 고잔동 숙종왕녀 태실	안성 성은리 영조옹주 태실 안성 배태리 성종왕자 태실* 양주 황방리 정혜옹주 태실 양평 옥천리 제안대군 태실 연천 유촌리 화덕옹주 태실** 연천 동막리 부물현 혜정옹주 태실 파주 어유지리 영산군 태실 파주 정자리 왕자옥량 태실* 포천 무봉리 영조8왕녀 태실 포천 만세교리 화완옹주 태실 포천 성동리 익종 태실 화성 송동 선조왕녀 태실
	태주 미확인	9	김포 고양리 태실(안태비) 시흥 무지동(태함) 양주 울대리 태실(주민 제보)* 양평 대흥리 태실(태함) 연천 동막리 샘골 태실(태함)	파주 축현리 태실(태함, 비대) 포천 송우리 태실(태함) 포천 금주리 태실(주민 제보) 포천 주원리 군자동 태실(태함)*

---

27) 다만 잔존 태실의 분류와 개념정의에 대한 논의는 필요하다.
28) 『2020 경기도 태봉태실 조사보고서』, 2021, 경기문화재연구원, 319p 〈표1〉 경기도 태봉 태실 조사 현황표' 인용

구분	개소	유적명	
태봉	30	고양 벽제동 태봉 광주 목현동 태봉(연산군 태실 추정) 광주 탄벌동 태봉 남양주 금곡동 태봉 동두천 안흥동 독도골 태봉 성남 대장동 태봉 성남 율 동 태봉 시흥 군자동 태봉 시흥 금이동 태봉 안성 화봉리 태봉 양주 상수리 태봉 양주 덕정동 태봉 양주 봉암리 태봉 양주 고읍동 태봉 양평 수입리 태봉	여주 태평리 태봉 여주 외평리 태봉 연천 노동리 태봉 연천 도신리 태봉 연천 양원리 태봉 연천 옥계리 태봉 연천 적거리 태봉 용인 신봉동 태봉 용인 주북리 태봉 이천 제요리 종태봉 파주 객현리 태봉 파주 용산리 모녀봉 태봉 포천 가채리 태봉 화성 자안리 태봉

*: 신규 확인 유적, **: 태주 변경

    특히 이번 조사에서는 기존에 확인되지 않았던 태실이 신규로 확인, 고증이 되었는데 ▶안성 배태리 성종 왕자 태실(이하 안성 배태리 태실)29) ▶파주 정자리 왕자옥량 태실(이하 파주 정자리 태실)30) ▶양주 울대리 태실31) ▶포천 주원리 군자동 태실 등이다. 특히 안성 배태리 성종 왕자 태실과 파주 정자리 왕자옥량 태실의 입비 시기는 홍치 6년인 1493년(성종 24)로 확인되었는데, 남양주 광전리 왕자금수 태실 역시 홍치 6년에 입비한 기록이 확인되기에 성종 시기의 태실 조성에 있어 경기도가 주목된 부분이 확인된다.

    한편 『2020 경기도 태봉태실 조사보고서』를 통해 연산군의 태실로 추정되는 장소가 확인되었는데, 문헌자료를 통해 연산군의 태실로 추정되는 장소는

---

29) 2020년 7월 7일 김희태(이야기가 있는 역사문화연구소장)의 민원에 의한 제보로 확인된 내용이다. 자세한 내용은 후술할 안성 배태리 태실 참고

30) 파주문화원의 2차 민통선조사 과정에서 태실비를 확인하면서, 파주 정자리 태실이 확인되었다. 자세한 내용은 후술할 파주 정자리 태실 참고

31) 『2020 경기도 태봉태실 조사보고서』, 2021, 경기문화재연구원, 228p 중 용인반점 김광희(78)의 증언은 다음과 같다. "태봉 정상에 비석과 큰 돌항아리가 있었는데, 비석이 불그스름한 색을 띠고 '강왕자태실'이라 새겨져 있었다."

광주 목현리 태봉이다. 이는 『신증동국여지승람』광주목의 산천조에 있는 이령
梨嶺[32]에 관한 기록에서 찾을 수 있는데, 이령梨嶺은 주 남쪽 30리에 있고, 지금
임금의 어태를 봉안했다고 기록하고 있다.[28] 여기서 주목해볼 점은 『신증동국여
지승람』의 발행 시기로, 이 경우 금상今上에 부합하는 왕은 ▶성종 ▶연산군 ▶
중종 등이다. 하지만 동 기록 산천조에 성종의 어태가 가마령佳亇嶺에 봉안되었
다는 기록이 있는데,[29] 지금의 태전동을 말한다. 또한 중종의 태실은 경기도 가
평군 가평읍 상색리에 있다는 점을 고려해보면 이령에 있었다는 금상의 태실
은 연산군의 태실일 수밖에 없다고 보는 것이다.[30] 다만 문헌 자료에서는 연산
군의 태실로 볼 수 있는 근거가 확인되었지만, 현재 태봉으로 추정되는 장소가
개발로 인해 훼손되어 태실 관련 흔적은 찾기가 쉽지 않다. 향후 광주 목현리
태봉에 대한 지표조사가 필요한 대목이다.

이처럼 『2020 경기도 태봉태실 조사보고서』에 확인, 고증된 경기도의 태
실 가운데 이번 책에서는 서삼릉 태실과 함께 현재 석물이 잔존하고 있는 태실
을 중심으로 조사를 진행했는데, 그 결과는 다음 표와 같이 정리할 수 있다.

〈표-7〉 경기도 태실의 보존 상태

순번	태실	태주	잔존 석물	태실지 상태	서삼릉 태실	문화재 지정 여부
1	양평 제안대군 태실	제안대군	태실비	태봉 유지, 태실비 잔존	-	-
2	광주 태전동 성종 태실	성종	가봉 태실 석물 (창경궁)	태봉 유지, 석물 이전	○	-
3	양평 대흥리 태실	성종 왕자	태함 (국립춘천박물관)	태봉훼손(분묘), 태함 이전	-	-

32) 이령梨嶺(이배재): 경기도 성남시 중원구의 상대원동과 광주시의 목현동을 잇는 고개

순번	태실	태주	잔존 석물	태실지 상태	서삼릉 태실	문화재 지정 여부
4	안성 배태리 태실	성종 왕자	태실비	태실지 훼손(분묘), 태실비 잔존	–	–
5	파주 정자리 태실	성종 왕자	태실비	태봉 유지, 태실비 잔존	–	–
6	남양주 광전리 태실	성종 왕자	태함	태봉 유지, 태함 잔존	–	–
7	남양주 성종 왕자 수장 태실	성종 왕자	해당없음	태봉 훼손, 잔존 석물 없음	○	–
8	파주 영산군 태실	영산군	해당없음	태봉유지	○	–
9	고양 지축동 태실	성종 왕녀	태실비 (고양 어울림누리)	태봉 훼손(헬기장), 태실비 이전	–	–
10	광주 원당리 성종 왕녀 태실	성종 왕녀A 공신옹주	태함, 태실비 잔존	태봉 유지, 태함, 태실비 잔존	–	–
11	양주 황방리 정혜 옹주 태실	성종 왕녀	태함 (국립중앙박물관)	태봉 훼손, 태함 이전	–	–
12	광주 원당리 연산 군 왕자 돈수 태실	연산군 왕자	태실비	태봉 훼손(분묘), 태실비 잔존	–	–
13	남양주 연산군 왕 녀 영수 태실	연산군 왕녀	해당없음	확인불가	–	–
14	가평 중종대왕 태봉	중종	가봉비, 아기비, 태함, 장태 석물 일부	태봉 유지, 상석과 중앙태 석 망실	○	가평군 향토유적 제 6호
15	연천 부물현 혜정 옹주 태실	혜정옹주	해당없음	태봉유지	–	–
16	김포 조강리 인순 공주 태실	인순공주	해당없음	태봉 훼손, 태함, 태실비 잔존	–	–
17	김포 고막리 신성 군 태실	신성군	태실비, 태함	태봉 유지, 태실비, 태함 잔존	–	–
18	가평 태봉리 영창 대군 태실	영창대군	태실비	태봉 훼손(분묘), 태실비 이전	–	–
19	화성 정숙옹주 태실	정숙옹주	태실비	태봉 유지, 태실비 잔존	–	화성시 유형문화재 제 17호
20	연천 유촌리 태실	영조왕녀	태실비, 태함	태봉 유지, 태실비, 태함 잔존	–	–
21	안성 성은리 태실	영조왕녀	태실비, 태함	태실비, 태함 이전	–	–
22	포천 무봉리 태봉	영조왕녀 (신생옹주)	태실비, 태함	태실비, 태함 이전	–	–
23	포천 만세교리 태봉	화완옹주	태실비, 태함	태봉 유지, 태실비, 태함 잔존	–	포천시 향토유 적 제23호

순번	태실	태주	잔존 석물	태실지 상태	서삼릉 태실	문화재 지정 여부
24	포천 성동리 문조 태실	문조 (익종)	가봉비, 태함, 장태 석물 (영평천)	태봉 훼손(분묘), 석물 이전	–	포천시 향토유적 제30호
25	시흥 무지내동 태봉	태주미상	태함	태봉 유지, 태함 잔존		
26	파주 축현리 태실	태주미상	비대, 태함 (태함: 국립중앙박물관)	태봉 유지, 비대 잔존, 태함 이전	–	–
27	안산 고잔동 태봉	태주미상	태함 (안산문화원)	태봉 훼손, 태함 이전	–	–
28	연천 동막리 샘골 태실	태주미상	태함	태봉 훼손(참호), 태함 잔존		
29	포천 송우리 태봉	태주미상	태함	태봉 유지, 태함 잔존	–	–
30	포천 금주리 태실	태주미상	태함 (영평천)	태봉 훼손(분묘), 태함이전	–	–
31	포천 주원리 군자동 태실	태주미상	태함	태봉 훼손(분묘), 태함 이전	–	–

　　위의 표 가운데 태봉이 유지되고 있고, 태실 석물인 잔존하고 있는 사례는 ▶광주 원당리 성종 왕녀 태실 ▶남양주 광전리 태실 ▶파주 정자리 태실 ▶가평 중종대왕 태봉 ▶연천 유촌리 태실 ▶포천 만세교리 태봉 ▶화성 정숙옹주 태실 ▶포천 송우리 태봉 ▶시흥 무지내동 태봉 등으로 9곳이다. 이들 태실의 경우 국유지와 사유지를 구분해 국유지인 경우 문화재 지정 및 보존을 위한 대책 수립이 필요하며, 사유지일 경우 소유주와의 협의를 통해 최소한 원 태실지의 보호를 위한 협의가 필요하다. 이 경우 원형 보존이 가장 이상적이나 유물의 훼손이 우려되는 경우 이전 복원을 하는 방법도 고민해볼 필요가 있다. 아울러 이들 태실에 대한 추가적인 지표·발굴조사를 통해 유물의 존재와 석물의 형태 등을 온전하게 파악해야 한다.

　　반면 여러 사유로 태실이 훼손된 사례가 확인되는데, 우선 군 시설이 조성되어 훼손된 경우다. 대표적으로 ▶고양 지축동 성종 왕녀 태실[33] ▶김포 고막리 신성군 태실 ▶남양주 내각리 왕녀영수 태실 ▶연천 동막리 샘골 태실 ▶포천 금주리 태실 ▶포천 주원리 군자동 태실 ▶파주 영산군 태실 ▶파주 축현리 태실 등 8곳이다. 이들 태실의 경우 태실지 주변으로 군 참호와 교통호 등이 조성되면서 원형이 훼손되었다. 이러한 형태의 훼손은 주로 경기도 북부 쪽 태실에서 많이 확인되고 있다.

포천 주원리 군자동 태실, 군 참호로 인해 태실지가 훼손된 모습이다.

---

33) 고양 지축동 성종 왕녀 태실의 태실비는 현재 고양 어울림누리 수장고에 보관 중으로, 태함의 개석은 지축동 7번지에 있는 것으로 알려져 있다.

두 번째로 분묘의 조성으로 인한 훼손된 사례가 있는데, ▶광주 원당리 연산군 왕자 돈수 태실 ▶가평 영창대군 태실 ▶안성 배태리 태실 ▶연천 동막리 부물현 혜정옹주 태실 ▶포천 성동리 문조 태실 등 5곳이다. 일제강점기 당시 관리의 부재를 이유로 전국의 태실을 서삼릉 경내로 이봉 되었다.[34] 이러한 흐름 속에 태실이 있던 자리는 민간으로 팔려나가게 되었고, 그 결과 분묘가 들어서 태봉의 원형이 훼손되는 결과로 이어졌다. 따라서 이들 태실에 대해서는 소유주와의 협의를 통해 잔존하고 있는 태실 석물의 원형 보존에 신경을 써야 한다. 특히 문조 태실의 경우 가봉 태실이라는 특수성을 감안해 토지 매입 후 원형 복원이 가장 이상적인 방법이라 할 것이다.

광주 원당리 연산군 왕자 돈수 태실, 정상 아래 분묘가 조성되었다.

---

34) 이때 서삼릉으로 옮겨진 경기도의 태실은 ▶광주 태전동 성종 태실 ▶가평 상색리 중종 태실 ▶남양주 내각리 성종 왕자 수장 태실 ▶남양주 내각리 연산군 왕녀 영수 태실 ▶파주 영산군 태실 등이 옮겨졌다.

마지막으로 개발사업으로 인한 훼손 사례가 확인되는데, ▶김포 조강리 인순공주 태실 ▶안산 고잔동 태실 ▶양주 황방리 정혜옹주 태실 ▶양평 제안대군 태실 등 4곳이다. 이 가운데 김포 조강리 인순공주 태실[35]과 안산 고잔동 태실, 양주 황방리 정혜옹주 태실의 경우 개발로 인해 태봉산 자체가 사라진 상태로, 양평 제안대군 태실의 경우 태봉 주변으로 개발이 진행되고 있다. 이들 태실의 경우 원형 복원이 쉽지 않기에 해당 지역 박물관의 야외 공간이나 상징적인 장소로 옮겨 전시하는 것이 바람직할 것으로 보인다. 이 밖에 ▶광주 태전동 성종 태실 ▶파주 영산군 태실 ▶남양주 성종 왕자 수장 태실 등은 태봉의 형태가 남아 있지만 석물은 다른 곳으로 옮겨지거나 유실된 상태다. 이와 함께 안성 성은리 태실과 포천 무봉리 태실처럼 주민들에 의해 태실 석물이 수습되어 마을회관으로 옮겨진 사례도 있다.

고양 서삼릉 왕자·왕녀 묘

고양 정소공주 묘

---

35) 김포 조강리 인순공주 태실의 경우 옛 태봉산은 훼손이 되었지만, 태봉이 있던 자리로 태실비와 태함을 옮겨 복원을 마친 상태다.

고양 고종 제4남의 묘

고종 제4남의 묘비, 묘와 태실을 함께
조성한 것을 알 수 있다.

　　한편 드물기는 하지만 묘와 태실을 함께 조성하는 분묘병장墳墓并藏의 사
례가 확인되는데, 정소공주와 고종 제4남의 태실이다. 정소공주貞昭公主는 세종
과 소헌왕후 심씨의 소생으로, 최초 묘는 대자동 산67-1번지에 조성되었으나,
일제강점기 때인 1936년 5월 17일에 현재의 위치인 서삼릉 왕자·왕녀 묘역으
로 옮겨진 상태다. 이장 당시 정소공주의 태항아리가 출토되었다. 고종 제4남은
고종과 명성황후 민씨의 소생으로, 초장지는 경릉敬陵[36] 우이강右二岡(오른쪽 두
번째 산등성이)에 있었다. 이후 일제강점기인 1935년 서삼릉 경내로 이장이 되었
으며, 묘비의 전면에는 대군지묘大君之墓, 옆면에서는 태실병장胎室并藏이 새겨져
있다.

---

36) 경릉敬陵: 추존 덕종과 소혜왕후 한씨의 능

3장

경기도의 태실

1. 양평 제안대군 태실

경기도에 소재한 조선왕실의 태실 중 현재까지 확인된 가장 이른 시기의 태실은 양평 제안대군 태실이다. 제안대군의 태실은 경기도 양평군 옥천면 옥천리 506-9번지의 정상에 있는데, 예전에는 지명을 따서 옥천리 태봉으로 불리기도 했다. 제안대군의 태실비가 있는 옥천면은 과거 조선시대에 양근군楊根郡[37]의 치소가 있었던 곳으로, 1747년 갈산으로 치소를 옮기면서 이때부터 고읍으로 불리게 된다. 지금도 인근에는 양근향교를 비롯해 읍성이었음을 말해주는 지명과 하마비 등이 남아 있다.

양평 하마비, 양근향교 입구에 있던 하마비로, 지금도 하마비 인근으로 읍성이었음을 보여주는 여러 지명들을 만날 수 있다.

옥천리에 있는 제안대군의 태실비는 그 외형이 서울 월산대군 이정 태실비의 형태와 유사성을 보인다. 두 태실의 비수는 끝부분이 각이 진 규형圭形의 형태로, 지금이야 월산대군의 태실은 서울에 속해있지만, 조선시대에는 경기도 과천군果川郡[38]에 속했다. 이러한 초기 태실비의 사례는 전국으로 시선을 돌려봐도 성주 세종대왕자 태실이나 원주 대덕리 태실 등을 제외할 경우 대부분 경기도에서 확인된다. 더 나아가 최근 존재가 확인된 파주 정

---

37) 양근군楊根郡: 지금의 양평 옥천면 옥천리와 양평읍 양근리 일대다. 1908년 지평군과 통합해 양평군으로 불리게 된다.
38) 과천군果川郡: 지금의 과천시로, 서울 동작구와 서초구 일부가 과천군에 속했다.

자리 태실과 안성 배태리 태실 역시 성종 시기에 조성된 초기 태실비의 외형을
잘 보여준다.

서울 월산대군 이정 태실의 태실

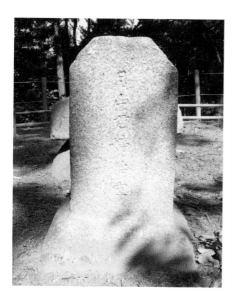

태실비의 전면과 후면

월산대군 태실의 태함

　　월산대군과 제안대군 태실이 경기도에 조성된 것은 경기도가 본격적으로 태실지로서 검토되기 시작했다는 것을 보여주는 것이다. 이는 이전까지 하삼도 下三道라고 부르는 충청도, 전라도 경상도에서 태를 찾았던 관례를 깨뜨린 사례로 주목된다. 지금도 제안대군 태실비의 비신 명문 대부분이 육안 판독이 가능하며, 비신의 전면에 '왕세자남소손태실王世子男小孫胎室', 후면의 경우 '성화이년 □월이십일립석成化二年□月二十日立石'이 새겨져 있다. 여기서 성화成化는 명나라 황제인 헌종憲宗 연호로, 성화 2년을 환산해보면 1466년(세조 12)에 태실을 조성한 것을 알 수 있다.

양평 제안대군 태실의 원경, 과거에는 옥천리 태봉으로 불리기도 했다.

양평 제안대군 태실, 현재 태실비만 남아 있다.

양평 제안대군 태실비의 전면과 후면

　　이와 함께 태주의 신분을 알 수 있는 명문이 바로 손孫이다. 해당 글자는 손자를 의미하는데, 이 경우 태실의 조성 시기의 왕인 세조의 손자, 즉 원손의 태실로 해석할 수 있다. 태실 조성 시기의 왕은 세조로, 당시 세자는 훗날 예종이 되는 해양대군海陽大君으로, 1466년에 태어난 왕세자의 아들은 바로 제안대군(1466~1525)이다. 이처럼 태실의 조성은 왕의 자녀 이외에 원손인 경우에도 조성되기도 하는데, 이를 보여주는 장소가 광해군의 아들인 폐세자 이지의 태실과 원주 산현리 태실이다.

원주 산현리 태실, 전면에 '왕□손남王□孫男'이 새겨져 있어,
세자 시절 광해군의 왕자 태실임을 알 수 있다.

일제강점기 때 폐세자 이지李祬의 태실이 조사되었는데, 해당 태실은 황해
도 신계군 사지면 태봉리 222번지에 있는 것으로 파악되었다. 지금은 실물을
확인하기 어렵지만, 이때 조사된 태실비의 전면에는 '왕원손태실王元孫胎室', 후
면에는 '만력이십칠년이월이십팔일萬曆二十七年二月二十八日'[31]이 새겨져 있었다
고 한다. 만력 27년을 환산해보면 1599년(선조 32)으로, 이때의 세자는 광해군
이었다. 여기에 태실비의 전면에 새겨진 원손元孫은 세자의 맏아들을 의미하는
데, 1599년에 태어났고, 광해군의 맏아들인 인물은 바로 폐세자 이지인 것이다.
또한 원주 산현리 태실 역시 이와 유사한 사례로, 산현리 태실은 강원도 원주

시 호저면 산현리 산24번지에 있다. 해당 태실비의 전면에는 '황명만력이십팔년십이월이십구일해시생왕□손남아기씨태실皇明萬曆二十八年十二月二十九日亥時生王□孫男阿只氏胎室', 후면에는 '만력이십구년사월삼십일립萬曆二十九年四月三十日立'이 새겨져 있다. 만력 29년을 환산해보면 1601년(선조 34)으로, 태실비의 앞면에 '왕□손남王□孫男'은 왕의 손자를 의미하기에 원주 산현리 태실은 광해군의 또 다른 아들 태실인 것을 보여주고 있다.

한편 태실의 태주인 제안대군齊安大君은 예종과 안순왕후 한씨의 소생으로, 이름은 현琄이다. 제안대군은 장자 계승이 원칙이었던 조선에서 예종의 뒤를 이어 왕위에 오를 신분이었다. 그런데 1649년(예종 1) 11월 28일 자미당紫薇堂에서 예종이 세상을 떠나면서 상황은 크게 달라졌다. 정상적이었다면 원자인 제안대군이 왕위를 이어받아야 했지만 이때 정희왕후 윤씨는 "이제 원자元子가 어리고, 또 월산군月山君은 어려서부터 병에 걸렸으며, 자을산군者乙山君이 비록 어리기는 하나 세조世祖께서 일찍이 그 도량을 칭찬하여 태조太祖에 비하는 데에 이르렀으니, 그로 하여금 주상을 삼는 것이 어떠하냐?"[32]라며 제안대군이 아닌 자을산군을 왕위에 올렸는데, 이가 바로 성종成宗이었다.

이렇게 되자 제안대군의 위치는 애매해지게 되는데, 동서고금을 막론하고 선왕의 아들이면 왕위에 오르지 못한 경우 그 결말이 좋지 못했다. 그럼에도 제안대군은 비교적 천수를 누렸는데, 그 이유는 제안대군의 처세술에 있었다. 『연려실기술』을 보면 제안대군을 가리켜 성질이 어리석었다고 적고 있는데, "...문턱에 걸터앉아 있다가 동냥하러 다니는 사람들을 보면, "쌀이 없다. 그렇지만 꿀떡의 찌꺼기는 왜 안 먹느냐."라고 했다고 한다.[33] 물론 『연려실기술』이 야사의 성격인 것을 감안해서보더라도 당시 사람들의 눈에 제안대군이 어떻게 인식했는지를 보여준다. 그럼에도 정말 바보였는지 아니면 바보인 척 한 건지는 보는 사람의 입장에 따라 크게 엇갈린다.『연려실기술』에서도『패관잡기』의 기록을 인용하며 어리석은 것이 아니라 몸을 보전하기 위해 스스로를 감춘 것이라는 기록이 있는 것을 보면 말이다. 어쩌면 후자의 입장이 당시의 시대상과 더 부합하지 않을까라는 생각과 함께 바보로 살았지만, 그 덕에 평원대군의 후사가 되었고, 천수를 누린 것을 볼 때 이만한 처세술도 없을 것 같다. 꼭『삼국지연의』속 유선이 생각나는 것은 나만의 생각일까?

양평 제안대군 태실비와 비수, 초기 태실비의 형태를 잘 보여주는 태실비로, 현재 비지정 문화재로 관리의 사각지대에 놓여 있다.

다시 제안대군의 태실비를 찾아본다. 오랜 비바람을 맞으며 풍화작용으로 비는 깎이고, 마멸되는 과정을 거치는 와중에도 내가 누구인지 말하고 싶은 듯 명문만은 잘 남아 있는 제안대군 태실비, 이미 주변 풍경은 이곳이 태실이라는 사실이 믿기지 않을 정도의 황량함을 보여주고 있다. 처음 해당 태실비의 존재를 인지한 뒤 찾는 과정도 쉽지가 않았다. 관련 정보는 논문이나『조선의 태실

$2^{(1999)}$』 등에 언급이 되어 있을 뿐, 대중적으로는 전혀 알려진 장소가 아니었다. 따라서 태봉의 정확한 위치도 모른 채 정말 태실비가 있을까? 혹시 태실비가 유실되었으면 어떻게 하나? 등의 여러 생각이 교차하는 와중에 마침내 정상에서 제안대군의 태실비를 마주할 수 있었다.

현재 제안대군의 태실비는 비지정 문화재이나 전국적으로 초기 태실비의 사례가 많지 않다는 점에서, 문화재의 가치는 충분하다. 또한 초기 태실비의 상당수 사례가 경기도에서 확인되고 있어 이들 태실에 대한 관심과 연구 역시 필요한 주제로, 덧붙여 제안대군 태실 주변의 발굴 조사를 통해 추가 유물의 확인이 필요한 태실이다.

2. 광주 태전동 성종 태실[34]

　경기도 광주시를 이동하다 보면 눈에 띄는 지명을 하나 볼 수 있는데, 바로 태전동胎田洞이다. 태전동은 태실과 관련이 있기에 붙여진 지명이다. 본래 이곳에는 성종의 태실이 있었는데, 『정조실록』에는 성종의 태봉이 광주廣州 경안역慶安驛[39] 뒤에 있다고 기록하고 있다. 해당 태봉산은 태봉교회 뒤쪽에 있는데, 경기도 광주시 태전동 265-1번지다. 지금도 마을 곳곳에는 태실과 관련이 있는 지명과 간판, 도로명 주소 등을 어렵지 않게 찾을 수 있다. 또한 태봉산의 지형 역시 넓은 들판 가운데 둥근 봉우리가 홀로 돌출된 형태로, 태봉胎峰의 이상적인 조건과 부합한다.

광주 태봉교회, 교회 뒤에 있는 산의 정상에 성종의 태실이 있었다.

---

39) 『신증동국여지승람』 광주목 조에는 경안역慶安驛이 남쪽 50리에 있다고 했다.

광주 태전동에 있는 성종의 태실지. 지금은 태실 관련 흔적이 남아 있지 않다.

성종(1457~1495, 재위 1469~1495)은 1457년에 덕종德宗(의경세자)과 소혜왕후 한씨의 둘째 아들로 이름은 혈娎이다. 성종은 종법질서로 보자면 왕위 계승과는 거리가 멀었다. 그런데 1469년(예종 1) 예종이 세상을 떠난 이후 정희왕후 윤씨에 의해 차기 왕으로 지목되면서 성종은 제안대군과 월산대군을 제치고 왕이 될 수 있었던 건 그만큼 왕의 자질을 가지고 있었기 때문이다. 실제 이때 정희왕후 윤씨가 자을산군(성종)에 대해 세조가 그 도량을 칭찬한 것을 볼 수 있는데, 이때 왕의 재목감으로 눈 여겨봤을 수도 있다. 이를 보여주듯 당대 성종은 성군으로 평가되며, 세종으로부터 시작된 조선의 체제와 정비가 완성된 시기로 평가된다. 이러한 성종의 태실은 앞선 제안대군의 태실처럼 세조의 손자이자 의경세자의 아들이었기에 아기씨 태실이 조성되었다.[40]

창경궁으로 옮겨진 성종의 태실 석물   성종 태실의 가봉비

성종이 왕위에 오른 뒤 성종의 태실은 가봉이 이루어졌다. 이때의 흔적인 장태석물과 가봉비가 지금도 온전하게 잘 남아 있다. 특히 가봉비의 명문을 통해 성종의 태실이 여러 번의 개수를 거쳤음을 알 수 있다. 실제 『태봉등록』을 보면 1652년(효종 3) 9월 24일에 광주에 있는 성종의 태봉에 태실비를 세울 길일을 정했는데, 10월 12일로 결정이 되었다. 비신의 전면에는 '성종대왕태실成宗大王胎室'이 새겨져 있으며, 후면에는 태실의 가봉과 개수 시기와 관련한 명문이 새겨져 있다.

---

40) 홍대한은 성남문화연구 제24호에 투고된 『조선시대 태실조성 특징과 운영연구(2017)』에서 성종의 아기씨 태실의 초장지로, 성남 분당 율동 태봉으로 언급하고 있다. 근거로 〈청주한씨족보〉 분산도에 표시되어 있고, 한계희가 성종으로부터 율동 태봉 인근을 사패지로 받는 과정을 근거로 분당 율동 태봉을 성종의 초장지로 추정하고 있다. 이 경우 성종의 태실은 분당 율동 태봉에서 광주 태전동으로 옮겨진 것이 된다. 분당 율동 태봉의 주소는 경기도 성남시 분당구 율동 산 2-1번지다.

성종 태실의 가봉비 후면

1. 성화칠년윤구월일립成化七年閏九月日立/1471년^(성종 2) 윤9월
2. 만력육년오월일개립萬曆六年五月日改立/1578년^(선조 11) 5월
3. 순치구년십월일개립順治九年十月日改立/1652년^(효종 3) 10월
4. 도광삼년오월일개립道光三年五月日改立/1823년^(순조 23) 5월

장태 석물과 중앙태석

창경궁 대온실, 망해버린 왕조의 비극의 상징하듯 궁궐에는 식물원이 들어섰다.

그런데 장작 성종의 태실 석물은 태전동에서 찾을 수 없다. 왜냐하면 창경궁으로 옮겨졌기 때문인데, 이는 1928년에 있었던 태실의 이봉과 관련이 있다. 이왕직李王職[41]에서 1928년부터 1934년에 걸쳐 전국에 있던 태실을 이봉할 때 여기에 성종의 태실이 포함되었다. 그런데 태실이 옮겨간 이후 태봉산 정상에 방치된 가봉비와 장태석물은 얼마 안 있어 창경궁으로 옮겨졌는데, 1928년 9월 10일자 『매일신보』 기사를 보면 성종 태실을 옮긴 이유를 알 수 있는데, 전문기사를 시켜 연구 목적으로 옮겼음을 알 수 있다.[42] 창경궁은 일제강점기 때 창경

---

41) 이왕직李王職: 일제강점기 당시 이왕가의 의전 및 사무를 담당했던 기구

42) "태봉에 암장시暗葬屍가 뒤를 이어 발견됨을 따라 이왕직에서는 황송함을 견디지 못하여 앞으로는 그 같은 일이 없게 하고자 신중히 협의한 결과 역대의 태봉 중에 가장 완전하며 가장 고귀하게 건설되었다는 광주廣州에 뫼신 성종의 태봉의 모든 설비를 그대로 옮겨다가 석물이고 건물이고 한결 같이 창덕궁 뒤 비원에다가 꾸며놓고 전문기사를 시켜 연구케 하는 중이라는데 새로이 건설되는 태봉은 성종태봉을 표본으로 경중히 뫼실 것이라 한다." - 『매일신보』 1928년 9월 10일 기사 중

원昌慶苑으로 불리며, 헐린 자리에 동물원과 식물원이 들어섰다. 조선의 상징과도 같은 공간인 창경궁을 헐어 놀이공원으로 만들고, 여기에 성종의 태실 석물까지 옮겨 한낱 구경거리로 만들어버린 것이다. 이는 태실이 풍수지리를 따져 길지에 태를 묻는 장태 풍습인 것을 감안했을 때 태실의 근원적인 가치를 파괴한 것이나 다름이 없는 것이다. 조선이 유지되었다면 상상도 못했을 일이라는 점에서 이러한 성종 태실의 사례는 망국과 당시의 시대상을 잘 보여주는 흔적이다.

이처럼 성종의 태실은 본래 경기도 광주시 태전동에 있었지만, 현재 태실 석물은 창경궁으로 옮겨진 상태다. 이는 길지에 묻었던 태실의 의미와 역사성을 고려할 때 원 위치로 옮겨 정비할 필요가 있다. 특히 태전동胎田洞의 지명 유래 역시 성종의 태실이 있기 때문인 것을 고려하면 지역의 정체성을 찾는다는 의미에서도 매우 중요하다. 다행히 성종 태실이 있었던 태봉산의 원형이 그대로 남아 있기에 경기도와 광주시, 창경궁 등 관계기관이 잘 협의해 성종의 태실 석물을 원 위치로 옮겨 정비할 필요가 있다. 이를 통해 문화재 지정 및 문화·관광 자원으로의 연결을 고민해볼 지점이다.

3. 성종의 왕자·왕녀 태실

1) 양평 대흥리 태실[35]

지난 날 원주 태장 왕녀 복란 태실의 태함을 보기 위해 국립춘천박물관을 방문한 적이 있었다. 이날 박물관의 야외를 돌던 중 현묘의 정원에서 기대하지 않았던 태함을 확인했는데, 어디에서 출토된 것인지, 누구의 태함인지 등은 자세한 정보가 없어 그저 "강원도 쪽 어딘가에서 출토된 태함인가?"라는 생각을 했었다. 하지만 『2020 경기도 태봉태실 조사보고서』를 통해 해당 태함이 양평 대흥리 태실의 태함이라는 사실을 알게 되었다.[43] 이 사실을 접한 뒤 경기도의 태실 석물이 어째서 춘천박물관으로 옮겨간 것인지 이해하기 어려웠다. 이는 누구라도 같은 의문을 제기할 수 있는 내용으로, 해당 석물의 경우 양평군 혹은 경기도로 옮겨 전시하는 방법을 고민해야 한다.

국립춘천박물관의 야외에 전시된 양평 대흥리 태실의 태함

---

43) 『2020 경기도 태봉태실 조사보고서』, 2021, 경기문화재연구원 234~235p 중 '1989년 11월 28일자로 발견매장문화재 국고귀속수입 유물로 등록되어 국립중앙박물관에 보관되었다가 2003년 국립춘천박물관으로 이관되어 현재는 야외정원인 현묘의 정원에 전시되어 있다.'

양평 대흥리 태실의 태함

　　양평 대흥리 태실은 경기도 양평군 양평읍 대흥리 324-5번지로, 세 개의 봉우리 중 중간의 봉우리가 태봉이다. 양평 대흥리 태함에서 출토된 태함은 현재 국립춘천박물관의 야외에 전시 중으로, 『조선의 태실3(1999)』을 보면 1980년 이전까지 태함 안에 태항아리가 보였다고 한다. 하지만 이후 도굴로 인해 태항아리와 태지석이 유실되었고, 때문에 이제까지 양평 대흥리 태실은 태주를 알 수 없는 태실로 분류되었다. 하지만 최근 태지석의 명문을 알 수 있는 단서가 확인되었는데, 진한용 원장(고려금석원)은 태봉 인근에 사는 마을 주민 이희원(1939년생, 양평면 백안리 거주)씨가 증언과 1972년 3월 2일에 작성한 일기장에 기록한 태지석의 명문을 공개했다.[44]

---

44)　진한용 원장(고려금석원)은 네이버 블로그 「양평 대흥리 태봉胎峰의 태주胎主는 누구인가?」에 일기장의 전문을 공개했다.

태지석의 명문이 기록된 일기장 ⓒ 진한용

　일기장에 기록된 해당 태지석의 명문은 '황명홍치삼년이월이십팔일진시
생/왕자부수아기씨태/홍치칠년육월십일묘시장皇明弘治三年二月二十八日辰時生/王
子富壽阿只氏胎/弘治七年六月十日卯時藏'이다. 이를 해석해보면 홍치 3년인 1490년(성종
21) 2월 28일에 출생한 왕자 부수富壽의 태실로 확인된다. 또한 태실의 조성 시
기는 1494년(성종 25) 6월 10일로 확인된다. 이처럼 신빙성이 있는 이희원 씨의

증언과 태지석의 명문 기록은 해당 태실을 규명하는데 있는 중요한 자료다. 그렇다면 양평 대흥리 태실의 태주는 누구일까?

『선원계보기략』을 보면 1490년^(성종21)에 태어난 왕자는 4명으로, ▶전성군^{全城君} ▶무산군^{茂山君} ▶영산군^{寧山君} ▶운천군^{雲川君}이다. 이 가운데 영산군의 경우 파주 어유지리에 태실이 조성되었기에 제외된다. 이 경우 남은 사람은 3명으로, 다음과 같이 정리된다.

1. 전성군^{全城君[45]} 1490년 출생일 미상
2. 무산군^{茂山君[46]} 1490년 1월 14일 생
3. 운천군^{雲川君[47]} 1490년 11월 24일 생

『선원계보기략』을 비교해보면 무산군과 운천군은 양평 대흥리 태실의 태지석에 기록된 출생일과는 차이가 있어 제외된다. 이 경우 남는 사람은 전성군이 유일하다.[48] 때문에 양평 대흥리 태실의 태주는 두 가지 가능성 밖에 남지 않는데, 바로 전성군의 태실일 가능성 혹은 왕실 족보에서 누락된 왕자 중 한 명의 태실일 수밖에 없다. 따라서 양평 대흥리 태실의 태주와 관련한 부분은 향후 추가적인 연구와 고증이 필요한 부분으로, 경기도에서 확인되는 또 한 명의 성종 왕자 태실이라는 점에서 매우 의미가 있다고 할 것이다.

---

45) 『선원계보기략』에는 11남, 『성종대왕종친록(1623)』에는 10남으로 표기되어 있다.
46) 『선원계보기략』에는 12남, 『성종대왕종친록(1623)』에는 11남으로 표기되어 있다.
47) 『선원계보기략』과 『성종대왕종친록(1623)』 모두에서 13남으로 표기되어 있다.
48) 『조선의 태실2(1999)』에는 전성군의 출생일이 1490년 1월 9일로 기록하고 있다. 다만 『선원계보기략』과 『성종대왕종친록』에는 생년월일이 미상으로 확인된다.

2) 안성 배태리 태실[36]

경기도의 소재한 성종의 자녀 태실 가운데 주목해볼 장소가 있는데, 바로 안성 배태리 태실과 파주 정자리 태실, 남양주 광전리 태실이다. 이들 태실의 공통점은 홍치 6년인 1493년(성종 24)에 입비한 공통점을 지니고 있다. 이 가운데 안성 배태리 태실의 경우 경기도 안성시 삼죽면 배태리 산46번지로, 삼태봉 가운데 있는 중태봉의 정상에 태실비가 남아 있다.『조선의 태실3(1999)』에서 안성 배태리 태실이 소개된 바 있는데 삼국시대 왕자의 태실이라고 전해진다는 언급만 있을 뿐, 이때까지는 아직 태실비의 존재가 알려지지 않았다. 이후 2009년에〈자치안성신문〉에서 배태리 마을에 대한 내용을 다루면서 안성 배태리 태실과 태실비로 추정되는 사진을 올린 바 있다. 하지만 이때도 비의 명문은 판독하지 못한 상태였고, 태실비로 추정된다는 점 이상을 기대하기는 어려웠다.[37] 그랬기에 해당 태실의 성격을 규명하기 위해서는 우선 태실비로 추정되는 비석의 명문을 파악해야 했다. 이에 지난 2019년 직접 안성 배태리 태실을 찾아 태실비의 존재와 명문을 판독하고자 했고, 총 두 차례에 걸쳐 현장을 방문했다.

안성 배태리 태실의 원경, 삼태봉 가운데 중태봉의 정상에 있다.

중태봉의 정상, 태실지에는 현재 추정 민묘와 앞쪽에 태실비가 남아 있는 모습이다.

안성 배태리 태실비의 전면과 후면

　해당 태실을 찾는 과정도 쉽지 않았다. 처음에는 태실의 정확한 주소를 몰랐기에 그저 삼태봉 중 중태봉의 정상이 태실이라는 정보를 가지고 찾아야 했다. 여기에 길에서 만난 마을 주민에게 태실의 존재에 대해 물어봐도 모른다는 대답이었고, 삼태봉의 위치만 확인한 채 무작정 중태봉으로 추정되는 장소를 향해 올라가야 했다. 산을 오르는 과정도 고역이었는데, 올라가는 길을 찾지 못해 무작정 수풀을 헤치며 산을 가로질러 가야했다. 그렇게 우여곡절 끝에 정상에 도착하니 비석이 하나 눈에 띄었는데, 앞서 〈자치안성신문〉에서 본 비석의 모습과 동일했다.

　비석의 뒤로 분묘로 추정되는 장소가 남아 있을 뿐, 해당 비석을 제외하면 태실 관련 흔적은 찾을 수가 없었다. 그렇게 태실비의 비신을 확인해 본 결과 첫 방문에서는 태실비의 후면 명문을 판독할 수 있었다. 그 내용은 '□(치)육년십월□□일자시립□(治)六年十月□□日子時立'으로, 상당수의 명문이 육안 판독이 되었지만 가장 중요한 부분인 연호 부분의 판독이 어려웠다. 다만 연호의 앞 글 자는 훼손이 심해 판독이 어려웠지만, 뒷글자의 경우 남아 있는 부분과 필획을 통해 치治로 판독할 수 있었다. 때문에 해당 태실비는 홍치 6년에 세워진 것으로 로 추정했다.[49]

첫 방문 때는 역광이라 태실비의 전면은 확인하지 못한 채 하산해야 했다. 이후 두 번째 방문에서 비신의 전면을 확인할 수 있었는데, 그 내용은 '왕자□ □아기씨태실王子□□阿只氏胎室'이다. 전면의 명문을 확인한 뒤 해당 장소가 태 실인 것이 확실해졌고, 태주의 신분이 왕자인 것도 확인되었다. 앞서 태실이 홍 치 6년, 즉 1493년(성종 24)에 조성된 것으로 확인되었기에 안성 배태리 태실을 성종의 왕자 태실로 고증했던 순간이었다. 이는 기존에 알려지지 않은 새로운 성종 왕자 태실의 출현으로, 전혀 예상하지 못했던 결과이자 성과였다.

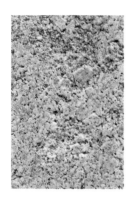

연호 부분, 앞부분은 훼손이 심해 알기가 어렵고, 뒷부분은 남아 있는 부분과 필획을 통해 치治로 확인된다.

---

49) 조선에서 사용된 연호 중 치治가 들어간 경우는 ▶명나라 효종의 연호인 홍치弘治 ▶청나라 세조의 연호인 순치順治 ▶청나라 목종의 연호인 동치同治 등이 있다. 그런데 순치나 동치의 경우 태실비의 비수나 비대가 분리되는 시기로, 안 성 배태리 태실비와는 그 형태부터가 다르다. 따라서 안성 배태리 태실은 초기의 태실비로 봐야 하고, 성종의 왕자 태 실로 보는 것이 타당하다.

비수, 삼각형인 규수 형태다.

한편 안성 배태리 태실과 유사성을 보이는 태실이 있어 주목되는데, 바로 원주 대덕리 태실이다. 원주 대덕리 태실은 강원도 원주시 호저면 대덕리 410-2번지에 있는데, 현재 태봉의 정상에는 반쯤 잘려나간 태실비의 하단이 있고, 정상부에 상단이 굴러 떨어져 있다. 태실비의 외형을 보면 비수 부분이 둥그스름한 원수圓首의 형태로, 후면의 명문을 통해 1494년(성종 25) 8월 22일에 입비한 것을 알 수 있다.[38] 비수의 형태가 일부 차이가 있지만, 성종 이후 태실비의 비수에서는 공통적으로 상단의 연봉이 있는 하엽의 형태가 등장하기에 치治가 새겨져 있으면서 이런 형태의 태실비가 만들어지려면 성종 시기여야만 가능하다.

때문에 이러한 내용을 지난 2020년 7월 7일 경기도로 민원을 보내 제보했고, 그 결과 『2020 경기도 태봉태실 조사보고서』에 포함이 될 수 있었다. 덧붙여 해당 태실의 태주는 『선원계보기략』을 볼 때 1493년에 이전에 태어난 성종의 왕자 가운데 한명으로 추정되며, 자세한 내용은 남양주 광전리 태실을 참고

하면 된다. 이와 함께 안성 배태리 태실은 전승의 내용과 실제 현장이 꼭 일치하지 않는다는 것을 보여주는 사례이며, 태실비의 명문을 통해 성종의 왕자 태실인 것을 고증한 점은 큰 성과다. 또한 초기 태실비의 형태와 변화 과정을 잘 보여주고 있다는 점에서 향후 문화재 지정을 포함해 보존과 관리가 필요한 태실이다.

3) 파주 정자리 태실[39]

지난 2020년 4월에 〈경기일보〉의 기사를 통해 민통선 내 새로운 태실비의 발견 소식이 전해졌다. 해당 태실은 파주 정자리 태실로, 그간 〈해동지도〉를 비롯해 〈광여도〉 등에 태봉이 표기되어 있던 곳으로, 그간 『군사유적지표조사보고서[1994]』 등을 통해 태실의 존재 가능성이 언급된 곳이다. 하지만 실제 태실비가 발견된 것은 2019년 12월이다. 이는 해당 지역이 가지는 특수성, 즉 민통선 구역 내에 태실이 있었기에 확인이 쉽지 않았다. 파주 정자리 태실은 경기도 파주 군내면 정자리 산67번지에 있는데, 지형 상 수내천이 감싸고 있는 태봉의 정상에 태실비가 남아 있다.

특히 파주 정자리 태실은 초기 태실비의 형태를 잘 보여주고 있는데, 비수는 규형의 형태로, 이 같은 외형은 ▶성주 세종대왕자 태실 ▶서울 월산대군 이정 태실 ▶양평 제안대군 태실 등에서 확인된다. 경기도의 경우 양평 제안대군 태실과 안성 배태리 태실 등과 함께 초기 태실비의 형태와 변화 과정의 양상에서 주목된다. 이처럼 파주 정자리 태실의 존재에 대해 인지한 뒤 실제 현장을 방문하기까지 꽤 많은 시간이 소요되었다. 다른 곳과 달리 태실의 위치가 민통선 내에 있다 보니 접근성의 측면에서 찾아가기가 쉽지 않은 장소였다. 다행히 차문성 소장(파주문화원 향토문화연구소)의 도움으로 2020년 10월 20일(화)에 파주 정자리 태실의 조사를 진행할 수 있었다.

파주 정자리 태실의 원경

파주 정자리 태실지, 이미 도굴이 된 듯 파헤쳐진 부분이 있는데, 향후 발굴조사를 통해 태함과 관련 유물의 존재를 확인할 필요가 있다.

파주 정자리 태실비의 전면과 후면

　길게 자란 수풀들 사이로, 없는 길을 만들어가 걸어가는 과정은 묘한 긴장감이 흘렀다. 특히 민통선 내부라는 특수성이 온 몸을 긴장하게 만든 건지도 모른다. 그렇게 도착한 태실지는 도굴로 생긴 듯한 파혜쳐진 구덩이가 있고, 그 앞에 태실비가 남아 있다. 이 날의 관심사는 단연 태실비로, 육안으로 판독되는 태실비의 명문은 '왕자□ □아기씨태실王子□ □阿只氏胎室', 후면에는 '□(치)육(년)구월초□ □ □ □(治)六(年)九月初□ □ □ □'로 확인되었다. 후면의 경우 땅에 묻혀 있어 명문의 판독이 어려웠으나『파주민통선, 문화유적보고서』에는 아명 부분을 옥랑玉浪, 『2020 경기도 태봉태실 조사보고서』에서는 옥량玉良으로 표기하고 있으며, 공통적으로 후면 입비 시기의 명문은 팔일립八日立으로 확인된다.[40] 이 가운데 가장 중요한 연호 부분의 경우 앞글자는 판독이 어려우나 뒷글자의 경우 남아 있는 부분과 필획을 통해 치治로 추정된다.

연호 부분, 앞글자는 판독이 어렵고, 뒷글자의
경우 남아 있는 부분과 필획은 통해 치治로
추정된다.

파주 정자리 태실비의 비수

    종합해보면 파주 정자리 태실은 태실비의 형태와 비신의 명문을 통해 성
종의 왕자 태실로 확인되었다. 또한 경기도에서 확인되는 홍치 6년인 1493년(성
종 24)에 입비한 태실비 중 하나로, 1493년 이전에 출생한 왕자 가운데 한 명의
태실로 추정된다. 태주와 관련한 내용은 남양주 광전리 태실을 참고하면 된다.
향후 발굴조사에 따라 태함을 비롯한 유물의 출토가 기대되는 장소로, 해당 태
실비는 초기 태실비의 형태와 발전 과정을 보여주고 있기에 향후 문화재 지정
및 보존과 관리가 필요한 태실이다.

4) 남양주 광전리 태실[41]

    남양주 광전리 태실은 경기도 남양주시 별내면 광전리 산37-7번지로, 해

당 주소의 정상에 태봉이 있다. 『조선의 태실2$^{(1999)}$』에 남아 있는 사진을 보면 태함의 개석과 함신이 노출되어 있었다. 2020년에 경기문화재연구원에서 남양주 광전리 태실에 대한 조사를 진행했었고, 이에 주소를 문의해 위치를 확인한 뒤 광전리 태실에 대한 답사를 진행할 수 있었다. 결론적으로 이야기하면 해당 태실은 1999년의 상황과 크게 달라지지 않았다. 태봉의 정상은 파헤쳐진 구덩이가 있고, 그 내부에 예전 사진과 동일한 위치에 개석과 함신이 노출되어 있다. 한편 태실의 존재를 알 수 있는 것이 마을의 지명인데, 지금도 이곳은 태봉마을로 불리고 있다.

남양주 광전리 태실의 원경

태봉의 정상, 파헤쳐진 구덩이 안쪽에 태함이 남아 있다.

노출된 태함의 개석

낙엽과 흙으로 덮여 있는 태함의 함신

한편 태실지에서는 태함의 흔적만 찾을 수 있을 뿐, 아기비와 다른 유물은 남아 있지 않다. 그런데 지난 1942년 조선총독부에서 발간한 『조선보물고적조사자료朝鮮寶物古蹟調査資料』에는 광전리 태실의 아기비와 관련한 내용이 있다. 여기에 기록된 태실비의 전면에는 '왕자금수남태실王子金壽男胎室', 후면에는 '홍치육년오월초사일립비弘治六年五月初四日立碑'로 확인된다.[42] 이 경우 광전리 태실은 홍치 6년인 1493년(성종 24) 초4일에 태실이 조성된 사실과 아명이 금수金壽라는 것을 알 수 있다. 특히 경기도에서 확인된 홍치 6년에 입비한 태실 중 하나로, 안성 배태리 태실비와 파주 정자리 태실 등과 함께 주목해볼 사례다.

＊ 홍치 6년인 1493년(성종 24)에 입비한 태실의 태주는?[43]

경기도에서 연이어 확인된 안성 배태리 태실과 파주 정자리 태실은 공통적으로 홍치 6년인 1493년^(성종 24)에 조성되었다. 또한 조선총독부에서 발간한 『조선보물고적조사자료^{朝鮮寶物古蹟調査資料}』에는 남양주 광전리 태실 역시 같은 시기에 조성된 것으로 확인된다. 이 경우 홍치 6년에 입비한 태실은 경기도에서만 3곳이 확인되는데, 그렇다면 과연 해당 태실의 태주는 누구일까? 이 부분을 다루기 전 전제할 점은 태실의 조성 시기만으로는 태주를 명확하게 특정하기 어렵다는 점이다.

울산 경숙옹주 태실

상주 상현리 연산군 원자 금돌이 태실

그렇다면 출생일과 실제 태실의 조성까지 얼마의 시간이 걸렸을까? 성종과 연산군 시기로 추려봤을 때 울산 경숙옹주 태실은 출생연도가 성화 19년인 1483년^(성종 14)인 반면 실제 태실의 조성은 성화 21년인 1485년^(성종 16)으로 2년의 시차를 보인다. 반면 상주 상현리 연산군 원자 금돌이 태실은 출생연도가 홍치 10년인 1497년^(연산 3)인 반면 실제 태실의 조성은 홍치 14년인 1501년^(연산 7)로 4년의 시차를 보인다. 이는 파주 영산군 태실과 양평 대흥리 태실에서도 확인된다. 따라서 출생일과 실제 태실의 조성까지 최대 4년의 차이를 보정하고, 『선원계보기략』과 『선원계보도』 등에서 확인되는 왕자의 출생연도를 표로 정리해보면 다음과 같다.

〈표-8〉 홍치 6년, 왕자 태실비의 태주 검토[44]

순번	이름	모	출생연도	태실지
1	경명군	숙의 홍씨	1489년	-
2	이성군	숙용 심씨	1489년	-
3	운천군	숙의 홍씨	1490년	-
4	영산군	숙용 심씨	1490년	경기도 파주시
5	전성군	귀인 권씨	1490년	양평 대흥리 태실?
6	무산군	명빈 김씨	1490년	-
7	양원군	숙의 홍씨	1492년	-

위의 일곱 명의 왕자 가운데 영산군의 태실은 경기도 파주시 적성면 어유지리 태실이 있었기에 제외된다. 또한 전성군의 경우 양평 대흥리 태실의 태주일 가능성을 고려할 필요가 있으며, 원주 대덕리 태실[50]의 조성 시기가 양평 대흥리 태실과 같은 홍치 7년인 1494년(성종 25)으로 확인된다. 따라서 ▶안성 배태리 태실 ▶파주 정자리 태실 ▶남양주 광전리 태실 ▶원주 대덕리 태실의 태주는 위의 표에 있는 왕자 가운데서 찾아야 할 것으로 보인다.

5) 고양 지축동 성종 왕녀 태실

고양 지축동 성종 왕녀 태실은 과거 효자동 태묘로 불리기도 했으며, 고양시 덕양구 지축동 산 1-11번지의 태봉 정상에 있었다. 해당 태실의 발견은 헬기장 조성 공사 과정에서 확인되었으며, 이후 태실비는 태봉의 오른쪽 입구로 옮겨졌다가 지금은 고양시 어울림누리 수장고로 옮겨 보관 중이다. 반면 태함의 개석은 인근의 민가로 옮겼는데, 당시의 태실비와 태함 개석 등의 사진이 『조선의 태실2(1999)』에 남아 있다.

---

50) 원주 대덕리 태실: 강원도 원주시 호저면 대덕리 410-2번지, '(前)왕자...(王子...)/(後)홍치칠년팔월이십이일묘시립弘治七年八月二十二日卯時立'

고양 지축동 성종 왕녀 태실비, 현재 고양시 어울림누리 수장고에 보관 중이다. ⓒ 고양시청

때문에 해당 태실의 흔적을 확인하기는 쉽지 않은 것이다. 다만 과거에 찍은 사진과 기록을 토대로 분석해보면 태실비의 재질은 화강석으로, 비의 머리인 비수는 상단의 연봉이 있는 하엽荷葉의 형태다. 비신의 경우 전면에 '왕녀태실王女胎室', 후면에는 '성화십삼년육월십구일립석成化十三年六月十九日立石'이 새겨져 있다. 성화 13년을 환산해보면 1477년(성종 8)으로,『선원계보도』상 1477년 이전에 태어난 왕녀는 없다. 따라서 고양 지축동 성종 왕녀 태실의 태주는 왕실 족보에서 누락된 왕녀 중 한 명으로 추정된다.

고양 지축동 성종 왕녀 태실은 일부 연구자들만 인지하고 있을 뿐, 태실과 관련한 흔적 역시 행방을 알 수 없거나 수장고에 보관되고 있어 일반인들이 이를 알기란 쉽지 않다. 또한 태봉의 훼손으로 인해 원형의 복원은 쉽지가 않기에 해당 태실비를 박물관의 야외나 태봉 인근으로 옮겨 전시하고, 안내문을 설치해 많은 이들이 태실비의 존재를 알 수 있도록 개선이 필요하다.

6) 광주 원당리 성종 왕녀 태실

광주 원당리 성종 왕녀 태실은 경기도 광주시 퇴촌면 원당리 산11-1번지의 정상에 있는데, 위치상 원당리 마을회관 뒤쪽에 있는 산이다. 해당 태실지를 가기 위해서는 마을의 입구인 원당리 146-3번지에 임시로 주차한 뒤 등산로를 따라 10분가량 올라가면 된다. 현재 태실지가 있던 자리에는 태함의 개석이 일부 노출이 된 상태로, 태실비 2기는 원당리 마을회관 방향으로 굴러 떨어진 채 방치되고 있다.

광주 원당리 성종 왕녀 태실의 원경

광주 원당리 성종 왕녀 태실지, 태함의 개석이 노출되어 있다.

태실비는 모두 전면이 하늘로 향하고 있고, 비의 머리인 비수는 하엽의 형태로, 상단에는 연봉이 새겨져 있다. 또한 비신의 전면에는 '왕녀태실王女胎室'이 새겨져 있으며, 후면의 경우 눕혀져 있어 확인이 어려운 상태다. 다만 『조선의 태실2(1999)』를 비롯해 논문 등의 선행 자료를 취합해 보면 다음 표와 같이 정리된다.

〈표-9〉 광주 원당리 성종 왕녀 태실의 명문

태실	전면	후면
광주 원당리 성종 왕녀 태실A	王女胎室	成化十七年七月二十一日立石
광주 원당리 성종 왕녀 태실B (공신옹주)	王女胎室	成化十七年七月二十四日立石

광주 원당리 성종 왕녀 태실(A)

태실비의 전면, 왕녀태실(王女胎室)이 새겨져 있다.

태실비의 비수

광주 원당리 성종 왕녀 태실(B)(공신옹주)

태실비의 전면, 왕녀태실王女胎室이 새겨져 있다.

태실비의 비수

두 태실은 성화 17년인 1481년(성종 12) 7월 21일과 24일, 3일 간격으로 조성되었다. 이 가운데 B왕녀 태실의 경우 이화여자대학교 박물관에 있는 태지석의 교차 분석을 통해 광주 원당리에서 출토된 것임을 알 수 있다. 해당 태지석의 명문을 보면 왕녀의 출생일이 1481년 3월 11일이며, 장태일은 1481년 7월 24일이다. 위의 표에서 언급된 B왕녀 태실의 장태일자와 일치한다. 또한 공신옹주 묘지석에서 확인되는 생년월일이 태지석의 출생일과 같기에 해당 B 왕녀의 태실은 공신옹주의 태실로 고증이 되는 것이다.

공신옹주恭愼翁主는 성종과 귀인 엄씨의 소생으로, 청녕위淸寧尉 한경침韓景琛과 혼인했다. 그런데 공신옹주의 불행은 연산군이 즉위하면서 시작된다. 연산군은 자신의 어머니인 폐비 윤씨를 모함했다는 이유로 성종의 후궁인 귀인 엄씨와 귀인 정씨를 죽였다. 이 과정에서 귀인 엄씨의 딸인 공신옹주 역시 폐서인이 되고, 아산牙山[51]으로 유배를 간 뒤 위리안치圍籬安置[52] 되었다. 이때 공신옹주는 남편인 청녕위의 신주를 가지고 간 뒤 유배지에서 제사를 지냈다. 훗날 중종반정(1506)으로 연산군이 폐위되자 귀인 엄씨와 공신옹주는 다시 복작復爵이 되었고, 유배에서 풀렸다. 이후 조정에 유배 동안의 공신옹주의 행실이 알려지면서, 정려를 내려야한다는 논의가 있었고, 그 결과 1507년(중종 2) 6월 6일에 공신옹주의 정문旌門이 세워졌다. 이후 공신옹주에게 쌀과 콩 등을 하사하기도 했으며, 〈삼강행실속록三綱行實續錄〉에 추가되었다.[45]

반면 A왕녀의 경우 태지석이 확인되지 않아 정확히 누구의 태실인지는 알 수 없으나 1481년 이전에 태어난 왕녀 가운데 한 명[53]으로 추정된다. 이처럼 광주

---

51) 아산牙山: 충청남도 아산시를 말한다.

52) 위리안치圍籬安置: 죄인의 유배지에서 도망가지 못하도록 집 주변을 가시덤불로 울타리를 가두는 것을 말한다.

53) 『선원록』과 『선원계보도』 등을 보면 A왕녀의 태실은 휘숙옹주徽淑翁主의 태실일 가능성이 있다. 휘숙옹주의 생몰년이 확인되지 않지만, 1483년에 태어난 경숙옹주의 언니라는 점에서 A왕녀의 후보로 추정해볼 수 있다. 휘숙옹주는 성종과 명빈 김씨의 소생으로, 풍원위豊原尉 임숭재任崇載와 혼인했다.

원당리 성종 왕녀 태실은 태봉과 석물이 잘 남아 있어 더 이상의 훼손이 진행되기 전에 원형을 지킬 수 있는 방법을 고민해야 한다. 우선 발굴조사를 통해 두 태실의 정확한 위치와 보존에 대한 고민이 필요하며, 이 과정에서 문화재 지정역시 이루어질 수 있도록 관심이 필요한 곳이다.

7) 양주 황방리 정혜옹주 태실

양주 황방리 정혜옹주 태실은 과거 황방리 왕녀 승복 태실로 불리기도 했으며, 경기도 양주시 남면 황방리 87-1번지에 있는 태봉산의 정상에 있었다. 하지만 지금은 개발사업으로 인해 태봉산 자체가 사라져 더 이상 옛 모습은 남아있지 않다. 『조선의 태실2(1999)』를 보면 파괴된 태실비의 상단 부분과 태함의 개석이 남아 있었으나, 지금은 유실되어 행방을 알 수 없는 상태다. 안타깝게도 해당 태실은 이제 사진으로 밖에 더는 확인할 길이 없으며, 태실의 유일한 흔적인 태함의 함신은 국립중앙박물관으로 옮겨진 상태다.

양주 황방리 정혜옹주 태실의 태함

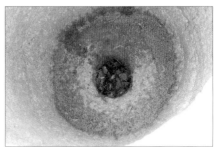

함신의 내부, 배수와 습기 제거를 위한 구멍이 있다.

하지만 태지석이 남아 있어 『조선의 태실2(1999)』에서 확인된 태실비의 명문과 교차 분석해보면 누구의 태실인지 알 수 있다. 태실비의 전면에는 '왕녀ㅁ복아...王女ㅁ福阿...', 후면에는 '홍치오년칠월弘治五年七月'이 새겨져 있었다. 이를 태지석과 비교해보면 아명이 승복承福이라는 점과 홍치 3년인 1490년(성종 21) 3월 초6일에 출생한 사실을 알 수 있다. 태실의 조성은 1492년(성종 23) 7월로, 태지석의 내용과 동일하다. 『선원계보도』를 보면 1490년에 태어난 왕녀는 성종과 귀인 정씨 소생의 정혜옹주로, 왕녀 승복은 정혜옹주로 확인된다.

정혜옹주静惠翁主는 성종과 귀인 정씨의 소생으로, 청평위淸平尉 한기韓紀와 혼인했다. 하지만 정혜옹주는 폐비 윤씨의 복위 문제를 둘러싼 갑자사화甲子士禍(1504)로 인해 남편인 한기는 고문을 당한 뒤 유배를 가게 되고, 정혜옹주는 폐서인이 된 뒤 한기의 처로 불리게 된다. 또한 정혜옹주 역시 백천白川[54]으로 유배가게 되었다. 이후 중종반종으로 연산군이 폐위되면서 유배지에서 풀려나고, 옹주의 신분도 되찾을 수 있었으나 1507년(중종 2) 8월 6일에 세상을 떠났다. 이때의 정혜옹주의 나이는 불과 17살이었다.

양주 황방리 정혜옹주 태실을 다시 생각해본다. 우리가 관심을 기울이지 않는 동안 태봉산은 사라졌고, 태실과 관련한 석물의 상당수도 유실되었다. 불과 21년 전에는 있었던 석물을 사진으로 밖에 볼 수 없다는 점은 안타까운 대목이다. 해당 태실의 사례는 방치된 태실 유적에 대해 관심을 기울이지 않는다면 앞으로도 이런 일이 반복될 수 있다는 점을 보여주기에 경각심을 일깨워주는 현장이다.

---

54) 백천白川: 지금의 황해남도 배천군白川郡이다.

4. 광주 원당리 연산군 왕자 돈수 태실

　　광주 원당리 연산군 왕자 돈수 태실은 경기도 광주시 퇴촌면 원당리 산30번지로, 태봉의 정상에 있었다.[55] 현재 태실과 관련한 흔적은 정상부에 쓰러진 채 방치된 태실비가 유일한데, 처음 이곳을 찾았을 때 해당 태실비가 어디에 있는지를 몰라 동행한 분과 함께 한참을 찾아 헤맨 끝에 찾았던 곳이다. 처음 마주한 태실비는 쓰러진 채 방치되어 있지만, 의외로 보존 상태는 나쁘지 않은 편이다. 태실비의 비수는 하엽의 형태와 함께 상단에 연봉이 있으며, 전면에는 '왕자돈수아기씨태실王子敦壽阿只氏胎室'이 새겨져 있다. 후면의 경우 눕혀져 있

광주 원당리 연산군 왕자 돈수 태실의 원경

55) 원당리 마을회관을 기준으로 뒤쪽은 성종 왕녀 태실이 있는데, 편의상 뒷태봉이라 부르며, 연산군 왕자 돈수 태실의 경우 앞태봉으로 부르고 있다.

어 현장에서 명문을 확인하기는 어렵지만『조선의 태실2(1999)』를 통해 '홍치십팔년이월십구일해시립弘治十八年二月十九日亥時立'이 새겨진 것으로 확인된다. 즉 홍치 18년인 1505년(연산 11) 2월 19일에 태실이 조성된 것을 알 수 있다.

태봉의 정상, 추가적인 발굴조사를 통해 태함의 위치와 태실의 형태 등을 고증할 필요가 있다.

돈수 태실은 1961년에 도굴이 되었는데, 이 과정에서 태지석과 백자 형태의 태항아리가 확인되었다. 이 가운데 태지석의 명문을 통해 태주의 출생일이 홍치 14년인 1501년(연산 7) 2월 초4일인 것을 알 수 있다.[46] 태지석과 태실비에서 공통적으로 확인되는 이름인 돈수敦壽는 연산군의 아들로, 생모는 알려져 있지 않다. 『연산군일기』를 보면 아기 때 허침의 집으로 나간 기록이 있다. 또한 중종반정으로 연산군이 폐위된 이후 돈수는 우봉牛峯으로 유배를 갔다. 하지만 반정공신들의 압박 속에 폐세자 이황李顗과 창녕대군 이성李誠, 양평군 이인李仁, 이돈수李敦壽 등은 사사되었다. 중종은 왕자들의 나이가 어린데다 위협이 되지 않는다며 죽이는 것은 인정상 못한다고 버텼음에도 반정공신들의 요구에 어쩔 수 없이 사사를 결정해야 했다. 그 결과 돈수는 어린 나이에 세상을 떠나게 된 것이다.

광주 원당리 연산군 왕자 돈수 태실비

태실비의 전면에 '왕자돈수아기씨태실王子敦壽阿只氏胎室'이
새겨져 있다.

한편 돈수의 태실이 있는 태봉산은 분묘가 들어서 있으나, 다행히 태실이
있었을 정상 부분은 온전히 남아 있다. 따라서 향후 발굴조사를 통해 태함의
존재와 태실의 정확한 위치 등이 확인될 것으로 기대된다. 또한 돈수 태실은
인근의 성종 왕녀 태실과 함께 원당리의 역사 문화자원으로 주목되는 장소로,
석물의 보존 상태나 의미를 고려할 때 문화재 지정 및 보존을 위한 관심이 필
요하다.

5. 가평 중종대왕 태봉[47]

　　가평 중종대왕 태봉은 경기도 가평군 가평읍 상색리 산112번지로, 태봉산의 정상에 있다. 해당 태실은 가평군 향토유적 제6호로, 태실로 가는 길과 태실지가 정비되어 있어 접근성이 나쁘지 않은 곳이다. 또한 태실이 지명에 영향을 미친 사례로, 태봉 인근의 마을을 태봉마을이라 부르고 있다. 다만 정비와 복원은 거쳤지만, 애초 태실의 원형과는 거리가 있다. 가령 가봉비의 위치가 반대인 점이나 중앙태석과 상석 등의 석물이 없는 등 일반적인 가봉 태실의 모습과는 차이를 보인다. 또한 가봉비의 비신 일부가 훼손되어 있고, 귀룡대석의 머리 역시 떨어져 나간 모습이다.

가평 중종대왕 태봉의 원경

중종(1488~1544 재위 1506~1544)은 성종과 계비 정현왕후 윤씨의 소생으로, 이름은 역懌 군호는 진성대군晉城大君이었다. 그런데 종법질서 상 중종은 애초 왕위에 오를 신분은 아니었다. 장자 계승을 원칙으로 했던 조선이었기에 연산군燕山君(재위 1494~1506)이 왕위에 올랐고, 평화로운 시대였다면 진성대군은 종친의 삶을 살다가 생을 마쳤을 것이다. 하지만 연산군의 폭정과 함께 정국의 상황은 급변했다. 1506년에 박원종朴元宗과 성희안成希顔 등이 진성대군을 옹립하며, 반정을 일으켰다. 그 결과 연산군은 폐위되었고, 중종은 왕위에 오르게 된다. 하지만 왕이 된 이후 중종은 반정공신들의 압박 속에 왕비 신씨[56]와 강제 이혼을 해야 했는데, 이유는 왕비 신씨의 아버지인 신수근이 연산군의 처남이었기 때문이다. 이러한 내용은 사극『7일의 왕비』의 주제가 되기도 했으며, 훗날 인왕산의 치마바위 전설[57]로 남게 된다.

중종은 연산군과 달리 친족과 종친에 대해서 우호적인 편이었다. 특히 반정 세력들이 연산군의 아들들을 죽이라고 압박했지만 차마 인정상 못하겠다며 거부했다. 하지만 결국 압박에 못 이겨 사사를 결정할 수밖에 없었다. 또한 폐비 신씨(거창군부인 신씨)가 강화도에서 죽은 연산군의 시신을 이장해줄 것을 청하자 흔쾌히 받아들여주었고, 그 결과 연산군과 거창군부인 신씨의 묘가 한 곳에 자리하게 되었다.[58] 하지만 중종은 반정 세력들에 의해 옹립된 왕이었고, 반정에 주도적으로 가담한 한 것이 아니었기에 정치적 발언권은 그만큼 약할 수밖에 없었다. 이를 보여주듯 왕비 신씨의 폐출과 연산군의 아들들에 대한 처분

---

56) 왕비 신씨: 중종의 왕비였던 신씨는 왕비의 자리에 오른 지 7일 만에 쫓겨났고, 이후 영조 때 추복이 되어 이때부터 단경왕후端敬王后로 불리게 된다. 능호는 온릉溫陵으로, 경기도 양주시 장흥면 일영리 13-2번지에 있다.

57) 치마바위: 중종반정 이후 반정공신들의 요구로 왕비 신씨를 폐출시켜야 했는데, 이후 왕비를 그리워했던 중종을 위해 폐비 신씨가 인왕산에 올라 바위에 자신의 치마를 펼쳐두었다는데서 유래한 전설이다. 폐비 신씨는 훗날 영조 때 복위되어 단경왕후端敬王后, 묘호는 온릉溫陵이 되었다.

58) 서울 연산군 묘: 서울특별시 도봉구 방학동 562-3번지로, 연산군과 거창군부인 신씨의 묘를 비롯해 태종의 후궁인 의정궁주 조씨 묘, 연산군의 딸인 휘순공주와 사위인 구문경의 묘가 있다.

과정에서 거부했음에도 결국 반정 세력들의 요구를 받아들일 수밖에 없었던 것이다.

가평 중종대왕 태봉

석난간과 태함

이후 중종은 나름대로 훈구파를 견제하고자 조광조趙光祖로 대표되는 사림을 등용했다. 조광조와 신진 사림들은 개혁을 주장하며 훈구파에 대립하게 된

다. 이후 중종은 기묘사화己卯士禍(1519)를 묵인하며 조광조를 버렸다. 이는 중종에게 있어 조광조와 신진 사림은 훈구파를 견제하기 위한 것이었지, 개혁에 온전히 동조한 것이 아님을 의미한다. 때문에 사관은 중종을 가리켜 "두 임금에게서 나온 일 같다"라며, 중종의 두 얼굴을 꼬집기도 했다. 이러한 중종의 태실이 바로 가평군에 있는데,『중종실록』을 보면 1507년 4월 22일에 좌의정 박원종이 태봉을 봉심奉審[59]한 기록이 확인된다. 이때 봉심한 태실은 시기상 가봉되기 이전의 아기씨 태실로 판단된다. 그렇다면 중종의 태실은 언제 가봉이 되었을까? 그 해답은 다음의 기사를 통해 찾을 수 있다.

> "경기 가평현加平縣을 올려 군郡으로 삼고, 현감縣監 유면柳沔을 체임시켰으니, 이 곳은 주상主上의 태실胎室이 있는 곳이다."[48]
>
> -『중종실록』권4, 중종 2년(1507) 10월 16일

> "조강을 하였다. 대사헌 이유청李惟淸이 아뢰기를, 〈중략〉... 김응기金應箕는 상의원 제조尙衣院提調로서 태실 석난간胎室石欄干을 설치하는 일로 가평에 가고..."[49]
>
> -『중종실록』권4, 중종 2년(1507) 10월 25일

위의 기록을 보면 가평현이 군으로 승격되었는데, 그 이유가 바로 중종의 태실이 있기 때문으로, 중종의 태실이 가봉된 이후 전례에 따라 고을의 승격이 이루어졌다. 다음의 기록을 보면 순조와 문조 태실의 가봉 이후 고을의 승격이 있었음을 보여주는 기록이다.

---

59) **봉심奉審**: 왕의 명령으로 능이나 태실의 상태를 점검하는 것을 의미한다.

"보은현報恩縣에서 당저當宁의 태실胎室을 가봉加封하는 역사를 마쳤다고 고하니, 감동관監董官 이하에게 차등 있게 시상하고, 현을 승격시켜 군郡으로 삼았다."[50]

- 『순조실록』 권4, 중종 2년(1507) 10월 16일

"임금이 희정당熙政堂에 나아가 대신과 비국 당상을 인견하였다. 좌의정 홍석주洪奭周가 아뢰기를, "영평현永平縣의 태실胎室을 가봉加封하는 역사役事를 이제 마쳤다고 고하였으니, 전례대로 군수郡守의 고을로 승격시키도록 전조銓曹에 분부하소서."하니, 대왕 대비가 그대로 따랐다."[51]

- 『헌종실록』 권3, 헌종 2년(1836) 4월 5일

위의 기록은 순조와 문조 태실이 가봉된 이후 고을의 승격이 이루어졌음을 보여주는 기록이다. 따라서 중종 태실의 가봉은 가평현이 군으로 승격되었던 1507년(중종 2) 10월 16일에서 멀지 않은 시점으로 추정된다. 또한 출토된 태지석을 통해 최초 아기씨 태실이 1492년(성종 23) 9월 초7일로 확인된다.

파손된 중종 태실 석물 중 연엽주석과 동자석주

아기비의 전면과 후면

아기비의 비수

『태봉등록』에는 중종의 태봉 석물 중 일부가 파손되어 개수한 사실이 확인된다.[52] 하지만 중종의 태실은 일제강점기 당시 지금의 서삼릉으로 태실이 이봉되면서, 태실지는 훼손되었다. 이후 석물의 행방은 알 수가 없었으나, 1982년에 산의 주인이 장례를 치르기 위해 작업을 하던 중 태실 석물이 발견되어 지금처럼 복원이 이루어질 수 있었다.[53] 하지만 복원이 제대로 되지 않아 일반적인 가봉 태실의 형태와는 많이 다르다. 가령 가봉비의 경우 장태 석물의 앞쪽에 설치되는 것이 일반적인데, 중종 태실에서는 전혀 엉뚱한 장소에 세워져 있다. 또한 빠진 석물이 많고, 보존 상태 역시 좋지 못하기에 추가적인 복원이 필요하다.

중종 태실의 가봉비

가봉비의 전면과 후면

귀롱대석

가봉비의 이수

　한편 중종 태실의 석물 중 주목해볼 부분은 아기비와 가봉비다. 이 가운데 아기비의 전면 명문은 인위적으로 훼손되어 육안 판독이 어렵다. 다만 태지석이 출토되었기에 중종이 1488년(성종 19) 3월 초5일에 출생한 것과 아명이 구등은금이仇等隱金伊인 것을 알 수 있다. 후면의 경우 '홍치오년구월초칠일해시립弘治五年九月初七日亥時立'이 새겨져 있는데, 이는 태지석에 기록된 장태 날짜와 동일하다. 반면 가봉비의 경우 훼손 상태가 심한 편으로, 귀롱대석의 목 부분은 떨어져 나간 상태다. 또한 비신 역시 중간 부분이 사라져 현재 알아볼 수 있는 글자는 전면에 '주□□□태실主□□□胎藏', 후면은 '정正'만 판독이 가능하다. 이와 함께 땅속에 있어야 할 태함이 지상에 노출되어 있는데, 이 시기에 조성된 태함의 특징을 잘 보여준다.

　이처럼 중종의 태실은 경기도에 조성된 3개의 가봉 태실 중 하나로, 가평군의 승격과 역사적 관점을 이해하는 데 있어 매우 중요한 유적이다. 때문에 해당 태실의 중요성을 감안해 도 지정 문화재로의 승격 및 발굴조사를 통해 장태 석물과 가봉비의 정확한 위치를 고증하고, 잘못된 복원을 바로잡는 것이 필요하다. 특히 가봉 태실의 복원은 향후 전국적으로 남아 있는 가봉 태실을 중점으로 유네스코 세계문화유산의 등재 가능성을 기대해볼 수 있기에 도내 다른 가봉 태실(성종, 문조)과 함께 주목해야 할 경기도의 태실이다.

서울 정릉靖陵, 중종의 능이다.

6. 중종의 왕녀 태실

1) 연천 부물현 혜정옹주 태실

연천 부물현 혜정옹주 태실은 경기도 연천군 동막리 산71-1번지로, 태봉은 평지에 그릇을 엎어둔 형태다. 이곳에서는 태지석이 출토되었는데, 해당 명문을 통해 태주가 정덕 9년인 1514년^(중종 9) 10월 초10일에 출생한 사실과 신분이 옹주인 것을 알 수 있다. 또한 아명이 석환石環이라는 점과 장태 일자는 같은 해 12월 26일에 조성한 것을 알 수 있다. 『선원계보도』를 보면 중종의 왕녀 가운데 1514년에 출생한 인물은 중종과 경빈 박씨 소생의 혜정옹주惠靜翁主로 확인된다.

연천 부물현 혜정옹주 태실지의 원경

혜정옹주는 홍서주洪敍疇의 아들인 당성위唐城尉 홍여洪礪와 혼인을 했다. 하지만 혜정옹주의 삶은 순탄하지 않았다. 바로 작서의 변(1527)으로 인한 후폭풍이다. 작서의 변이란 쥐를 이용해 세자를 저주했던 사건으로, 이 일로 인해 혐의를 받던 경빈 박씨와 복성군福城君이 사사되었다. 여기에 혜정옹주의 남편인 홍여는 매를 맞아 죽었고, 경빈 박씨의 두 딸인 혜순옹주惠順翁主와 혜정옹주 역시 직첩을 빼앗기고 폐서인이 되어 유배를 가야 했다. 그야말로 작서의 변으로 인해 가족 전체가 희생당했던 비극이었다. 하지만 정작 작서의 변을 일으킨 주범이 김안로金安老의 아들인 김희金禧로 밝혀지면서 훗날 경빈 박씨와 복성군에 대한 신원은 회복이 될 수 있었다. 하지만 이미 죽은 사람은 돌아오지 못했는데, 증거도 없이 경빈 박씨와 복성군, 홍여 등을 죽인 이 날의 일을 가리켜 사관은 은의恩義가 어그러졌다며 중종을 비판했다.

연천 부물현 혜정옹주 태실은 인근에 차탄천車灘川이 있고, 평지에 돌출된 태봉의 형태다. 현재 태봉만 유지되고 있을 뿐, 태실지는 최초 분묘가 들어서 훼손이 되었다가 이후 묘는 이장되었지만 방치된 상태 그대로의 모습이다. 또한 다른 태실과 달리 태실비와 태함 등의 석물은 남아 있지 않다. 그럼에도 태지석을 통해 혜정옹주의 태실로 확인된 점은 경기도의 태실을 연구하는 데 있어 중요한 의미를 가진다.

2) 김포 조강리 인순공주 태실

김포 조강리 인순공주 태실은 경기도 김포시 월곶면 조강리 산58번지에 있었다. 하지만 현재 태봉산은 훼손된 상태로, 이곳에 있던 태실비와 태함은 인근에 임시 이전되었다가 지금은 원 위치로 이전 복원이 되었다. 다만 태봉산 자체는 복구가 되지 못했기에 과거의 모습과는 큰 차이를 보인다. 김포 조강리 인순공주 태실의 특징은 앞선 시기 태실비의 형태와는 차이를 보인다. 이전까지는 태실비가 비신과 비대가 한 몸인 형태였다면 김포 조강리 인순공주 태실 이후에 나타나는 태실은 비신과 비대가 분리되어 나타난다. 물론 중종 시기에 조성된 태실 중 부여 의혜공주 태실처럼 비신과 비대가 한 몸인 사례가 있다. 하지만 이 경우에도 한 몸인 비대에 복련이 조각되는 등 변화 과정에 있어 과도기적 성격을 보여주고 있다.

이전 복원된 김포 조강리 인순공주 태실

태실비의 외형은 상단의 연봉이 있는 하엽의 형태인 비수와 장방형의 비대에는 희미하지만 복련이 새겨져 있다. 비신의 명문은 마멸이 진행되어 육안으로 몇 글자만 읽을 수 있다. 전면에는 '□□□□아기씨태실(□□□□阿只氏胎

김포 조강리 인순공주 태실 ⓒ 김포시청   이전 복원된 태실의 현재 모습

室)', 후면에는 '가정이십삼년…嘉靖貳拾三年…'이 새겨진 것으로 확인된다.[54] 이를 통해 가정 23년인 1544년(중종 39)에 태실이 조성되었음을 알 수 있다. 이에 따라 1544년 이전에 태어난 왕녀를 검토해보면 해당 태실의 태주는 사실상 1542년에 출생한 인순공주의 태실로 확인된다. 왜냐하면 다른 왕녀들의 경우 10년 이상의 연대 차이를 보이고 있기 때문이다.

태실비, 명문을 통해 인순공주의 태실로 확인되었다.

태실비의 비수와 비대

일부 노출된 태함의 개석

　　인순공주仁順公主는 중종과 문정왕후 윤씨 소생의 왕녀로, 명종에게는 누이가 되는 인물이다. 하지만 불과 4살의 나이로 요절했기에 인순공주와 관련한 기록은 많지 않다. 인순공주가 세상을 떠난 뒤 명복의 비는 이러한 원당사찰願

堂寺利이 지정되었는데, 바로 정수사淨水寺[60]다. 1564년(명종 19)에 유생들이 소장을 올려 내원당內願堂의 혁파를 주장했지만 명종은 이를 받아들이지 않았다. 한편 인순공주의 묘는 최초 남양주시 진접읍에 있었지만, 이후 서삼릉으로 옮겨져 현재 왕자·공주 묘역에 자리하고 있다. 이처럼 인순공주 태실의 사례는 양주 황방리 정혜옹주 태실과 함께 우리가 태실에 대해 관심을 가지지 않는다면 언제든 이 같은 훼손이 반복될 수 있다는 것을 보여주는 사례라고 할 수 있다.

김포 조강리 인순공주 태실(2019년)

---

60) 정수사淨水寺: 충청남도 예산군에 있던 사찰로, 정수암으로도 불렸다. 특히 명재 윤증과 그의 가문에서 종회를 열거나 학문 및 결속을 다졌던 장소다.

7. 선조의 왕자·왕녀 태실

1) 김포 고막리 신성군 태실

김포 고막리 신성군 태실은 경기도 김포시 월곶면 고막리 산65번지로, 태봉의 정상에 태함의 개석과 비대가 남아 있다. 또한 태실비의 비신은 민가 방향으로 굴러 떨어진 채 방치되고 있는데, 비신의 전면은 눕혀져 있어 명문의 확인이 어렵다. 반면 노출된 후면의 경우 마멸된 몇 글자를 제외하면 대체로 육안 판독이 가능한 수준이다. 『조선의 태실2⁽¹⁹⁹⁹⁾』에는 해당 태실비의 전면에 왕자후아기씨태실王子珝阿只氏胎室', 후면에는 '만력십이년칠월이십오일립/만력십사

김포 고막리 신성군 태실의 원경

년십이월초육일개립萬曆十二年七月二十五日立/萬曆十四年十二月初六日改立이 새겨진 것으로 확인된다.[55]

정상에 못 미쳐 굴려진 채 방치된 태실비

태실비

비수

여기서 비신의 전면에 기록된 왕자 후珝는 선조와 인빈 김씨 소생의 신성군信城君이다. 또한 만력 12년인 1584년(선조 17) 7월 25일에 태실이 조성했고,

2년 뒤인 1586년^(선조 19) 12월 초6일에 개수되었음을 알 수 있다. 신성군은 선조의 총애를 받던 왕자였다. 임진왜란이 없었다면 어쩌면 세자의 자리를 차지했을 지도 모를 인물로, 특히 드라마 『허준』에서 허준이 신성군의 환후를 거머리로 치료한 부분은 나름 인상적인 장면으로 기억된다. 하지만 임진왜란이 발발하자 선조를 따라 의주로 피신하던 중 병사했다. 현재 신성군의 묘는 남양주시 진접읍 내각리에 위치하고 있는데, 어머니인 인빈 김씨의 원소인 순강원順康園에서 멀지 않은 곳이다. 또한 순강원과 신성군 묘 인근에 두 사람의 명복을 빌기 위한 원찰인 봉영사奉永寺가 자리하고 있다.

태실지, 비대와 태함의 개석이 노출되어 있다.

비대

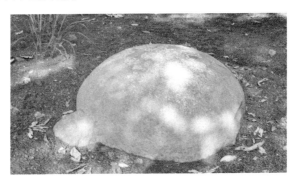

일부 노출된 태함의 개석

신성군의 태실은 일제강점기에 들어서며 도굴을 피하지 못했고, 이후 마을에 우환이 생긴다는 이유로 태실비가 뽑혀 굴러진 채 현재까지 방치되어 있는 모습이다. 여기에 태실지 주변으로 군 참호가 만들지는 등 태봉산의 훼손이 일부 진행된 모습이다. 그럼에도 신성군의 태실은 태실비와 태함이 온전하게 남아 있고, 석물의 상태 역시 다른 경기도의 태실과 비교했을 때 좋은 편에 속한다. 따라서 더 훼손이 진행되기 전에 문화재 지정과 함께 보존 및 관리 대책이 필요한 태실 중 하나다.

2) 가평 태봉리 영창대군 태실

가평 태봉리 영창대군 태실은 경기도 가평군 상면 태봉리 산115-1번지로, 태실지는 분묘가 들어선 상태다. 현재 태실과 관련한 흔적은 태실비가 유일한데, 과거에는 연하초등학교를 지나 승찬농장과 태봉1리가 나누어지는 지점에 마을 이정표처럼 서 있었다. 그러다 지금은 월사 이정구 선생 묘 입구인 태봉리 308번지로 옮겨져 있다. 그래도 방치된 다른 태실 석물과 비교하면 나름 관리가 되고 있는 편에 속한다. 해당 태실은 국립중앙박물관에 소장 중인 태지석을 통해 영창대군永昌大君의 태실로 확인되었다. 태지석의 명문을 통해 만력 34년인 1606년(선조 39) 3월 초5일에 출생한 대군의 태실인 것을 알 수 있다. 또한 태지석의 장태 일자가 태실비의 내용과 일치하고 있기에 영창대군의 태실인 것을 알 수 있다.

가평 태봉리 영창대군 태실의 원경

태실비

영창대군 태실비의 비수는 상단의 연봉이 있는 하엽의 형태로, 장방형의 비대에는 복련과 안상이 새겨져 있다. 이러한 형태의 비대는 조선 중기부터 본격적으로 나타나기 시작한 양식이다. 한편 비신의 전면에는 '□명□력□明□曆', 후면에는 만력삼십사년칠월이십팔일립萬曆三十四年七月二十八日立'이 새겨져 있다. 이를 통해 만력 34년인 1606년(선조 39) 7월 28일에 태실을 조성했음을 알 수 있는데, 이는 태지석에 기록된 장태 일자와 동일하다. 영창대군(1606~1614)은 선조와 인목왕후 김씨의 소생으로, 이름은 의㼁 군호는 영창대군이다. 선조의 왕자 가운데 유일한 왕비의 소생이기에 선조의 사랑을 받았던 인물이다. 하지만 영창대군이 태어났을 당시 이미 광해군이 세자의 지위를 다져놓은 상태였다. 그 결과 2년 뒤인 1608년^(선조 41/광해군 즉위년)에 선조가 세상을 떠나면서 광해군이 왕위에 오르게 된다.

태실비의 비대

비수

선조 역시 광해군이 즉위할 경우 영창대군의 안위가 염려되었기에 특별히 신임했던 유영경柳永慶, 한응인韓應寅, 박동량朴東亮, 서성徐渻, 신흠申欽, 허성許筬, 한준겸韓浚謙 등에게 유명遺命을 내려 영창대군 잘 보살펴줄 것을 부탁했다. 우리 역사에서는 이때 유명을 받은 신하들을 가리켜 유교칠신遺敎七臣이라 부르고 있다. 하지만 영창대군은 1613년에 있었던 계축옥사癸丑獄事[61]로 인해 폐서인이 되었고, 강화도로 유배를 떠났다. 이후 영창대군은 유배지에서 생을 마감했다. 이러한 영창대군의 죽음은 인목대비의 유폐와 더불어 폐모살제廢母殺弟라는 명분이 되어 훗날 인조반정仁祖反正(1623)의 빌미가 되었다.

안성 영창대군 묘

---

61) 계축옥사癸丑獄事: 당시의 집권 세력인 대북이 영창대군을 비롯한 서인을 축출하기 위해 일으킨 옥사

다시 영창대군의 태실을 찾아 길을 나서 본다. 처음 해당 태실을 찾을 때만 해도 태실비가 남아 있을지 우려했었다. 『조선의 태실2⁽¹⁹⁹⁹⁾』과 『가평군의 도요지·태실⁽¹⁹⁹⁹⁾』 이후로 많은 시간이 흐른 데다 태실비의 위치를 정확하게 알지 못한 채 움직이다 보니 처음에는 예상 위치에 태실비가 없어 낙심하기도 했다. 이후 차를 돌리기 위해서 마을 안쪽으로 들어가다 월사 이정구 선생의 묘 입구에서 익숙한 형태의 눈에 띄는 비석을 하나 발견할 수 있었다. 혹시나 하는 마음에 가까이에 가서 명문을 확인해본 결과 영창대군의 태실비인 것을 확인할 수 있었다. 어떻게 보면 태실을 찾았던 좌충우돌의 에피소드 중 하나인 것이다. 한편 현재 태실비가 있는 장소는 월사 이정구 선생 묘가 있어 종종 사람들이 찾는 장소이지만 대부분은 해당 태실비의 존재를 모르고 지나치는 경우가 많다. 특히 마을의 지명 유래가 된 영창대군의 태실 관련 흔적이기에 충분히 문화재의 가치를 지니고 있으며, 이정표와 함께 안내문을 설치한다면 지금보다는 충분히 더 많은 관심을 받을 수 있는 장소로의 변모가 기대된다.

3) 화성 정숙옹주 태실

뜻밖의 장소에서 전혀 예상하지 못한 문화재를 만나면 어떤 기분이 들까? 아마 나에게는 화성 정숙옹주 태실이 이런 사례에 속하지 않을까 생각된다. 화성 정숙옹주 태실은 경기도 화성시 송동 727번지로, 동탄호수공원 내 위치한 태봉산의 정상에 있다. 사실상 산이라기보다는 구릉에 더 가까운 편으로, 접근성의 측면에서 좋은 편에 속한다. 태봉의 정상에 있는 태실비는 『화성시문화유적분포지도⁽²⁰⁰⁶⁾』에도 소개된 적이 있는데, 이때는 지명을 따서 화성 산척리 태실비로 불렸다. 그랬기에 태실비의 존재는 인지하고 있었으나 설마 해당 태실비가 동탄호수공원이라는 익숙한 장소에 있는 건 생각을 하지 못했다. 그랬기에 뜻밖의 만남이 주는 여운이 있었던 것이다.

화성 정숙옹주 태실의 원경

태봉의 정상, 태실비가 남아 있다.

태실비

해당 태실비는 지난 2019년 10월 23일에 화성시 유형문화재 제17호로 지정되었는데, 보존 상태가 매우 좋은 편이다. 전체적인 외형은 비수의 경우 하엽의 형태로, 상단에 연봉이 있다. 또한 장방형의 비대에는 복련覆蓮과 안상眼象이 새겨져 있다. 이러한 형태의 비대는 조선 중기에 조성된 태실에서 나타나는 특징이다. 비신의 경우 전면에는 '왕녀아기씨태실王女阿只氏胎室', 후면에는 황명만력 십육년칠월십일일을시립皇明萬曆十六年七月十一日乙時立이 새겨져 있다. 이를 통해 만력 16년인 1588년(선조 21) 7월 11일에 태실이 조성된 것을 알 수 있는데,『선원록』과 『선원계보도』등을 보면 1588년 출생한 왕녀는 없다.

태실비의 전면과 후면

태실비의 비대

비수

따라서 1588년 이전에 태어난 왕녀 중 태실과 관련이 있을 것으로 추정되는 왕녀를 추려보면 ▶정신옹주(인빈 김씨, 1583) ▶정혜옹주(인빈 김씨, 1584) ▶정숙옹주(인빈 김씨, 1587) 등이 있다. 이 가운데 태실의 조성 시기를 고려해보면 정숙옹주의 태실로 판단된다. 정숙옹주貞淑翁主는 선조와 인빈 김씨의 소생으로, 인조에게는 고모가 된다. 정숙옹주는 유교칠신 중 한 사람인 신흠의 아들 신익성申翊聖과 혼인했고, 부마가 된 신익성은 동양위東陽尉의 위호를 받았다. 1627년(인조 5)에 정숙옹주가 세상을 떠나자 인조는 친제親祭를 정지하고, 봉안역의 위전 1결을 내렸다. 또한 정숙옹주의 상이 이어지는 3년 동안 왕자의 예에 따라 녹봉을 지급할 것을 명하기도 했다.

다시 화성 정숙옹주 태실을 찾아본다. 태실이 있는 주변은 과거 낚시꾼들이 찾던 저수지였으나, 지금은 동탄신도시 내 호수공원으로 변모했다. 이러한 변화의 가운데 여전히 제자리를 지키고 있는 화성 정숙옹주 태실비는 과거와 현재가 만나는 지점이자 화성시의 유일한 태실 유적으로 주목해볼 만하다.

8. 영조의 왕녀 태실

1) 연천 유촌리 태실

연천 유촌리 태실은 경기도 연천군 미산면 유촌리 산127번지로, 현재 태봉의 정상에는 태실비가 남아 있다. 태봉의 형태가 온전하게 남아 있으며, 복토가되었지만 태함의 존재가 확인된 바 있다. 태실비의 경우 보존 상태가 좋은 편으로, 상단에 연봉이 있는 하엽 형태의 비수는 앞선 태실에 비해 조각 수법이 간결해지고, 퇴화된 모습을 보여준다. 또한 장방형의 비대는 아무런 문양이 없는것이 특징인데, 이러한 경향은 영조 때 조성된 태실에서 확인된다.

연천 유촌리 태실의 원경

태실비

한편 비신의 전면에는 '옹정육년팔월초삼일신시생옹주아기씨태실雍正六年八月初三日申時生翁主阿只氏胎室', 후면에는 옹정육년십월초팔일묘시립雍正六年十月初八日卯時立'이 새겨져 있다. 옹정 6년을 환산해보면 1728년(영조 4)으로, 인물은 영조와 영빈 이씨 소생의 옹주(4왕녀, 1728)62)로 확인된다. 한편 『태봉등록』을 보면 연천 유촌리 태실의 조성 과정이 잘 남아 있는데, 1728년(영조 4) 8월 15일에 관상감에 올린 장태지와 길일을 택하게 된다. 장태지로 경기도 마전현 동면 유촌 신좌인향申坐寅向, 길일은 10월 초8일로 결정되었다.56 이는 태실비에 기록된 태실 조성 일자와 일치하고 있다.

---

62) 『2020년 경기도 태봉태실 조사보고서』에서 고증한 부분으로, 연천 유촌리 태실의 태주에 대해 『조선의 태실2(1999)』 이래 화억옹주로 표기했으나 이는 잘못된 것이다. 화억옹주는 영조와 정빈 이씨 소생의 제1왕녀로, 출생연도가 1717년이기에 해당 태실비의 내용과는 맞지가 않다. 『승정원일기』를 보면 1773년(영조 49)에 효장세자의 누나인 1녀에 대해 화억옹주로 추증할 것을 명했다. 따라서 시기상 연천 유촌리 태실의 태주가 화억옹주가 될 수 없고, 『선원계보도』와 『태봉등록』, 『승정원일기』 등의 기록을 교차해볼 때 영조와 영빈 이씨 소생의 제4왕녀의 태실이다. 단 제4왕녀에 대해 화덕옹주로 보는 견해도 있다.

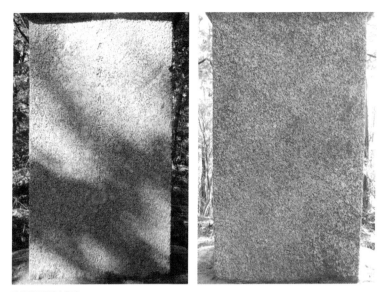

태실비의 전면과 후면

태실비의 비대   비수

한편 그간 연천 유촌리 태실은 영조와 정빈 이씨 소생의 화억옹주和憶翁主 태실로 잘못 알려졌었다. 하지만『승정원일기』와『태봉등록』의 교차 분석을 통해 화억옹주가 아닌 영조의 4왕녀 태실로 고증된다. 이제부터라도 이 같은 오

류를 바로잡는 노력이 필요하며, 더 이상의 훼손을 방지하기 위한 노력이 필요하다. 이를 위해 해당 태실에 대한 문화재 지정 및 보호와 관리에 신경을 써야 할 태실이다.

2) 안성 성은리 태실

안성 성은리 태실은 경기도 안성시 원곡면 성은리 산 31번지로, 태봉의 정상에 있었지만 1960년 4H회원들이 방치되던 태실비와 태함 등의 석물을 수습해 통심마을회관으로 옮겼다. 때문에 태실의 흔적을 찾기 위해서는 태봉이 아닌 통심마을회관을 방문해야 하는 것이다. 다행히 수습된 태실비와 태함은 온전하게 남아 있으며, 태실비의 경우 비수는 하엽의 형태와 상단의 연봉이 있으며, 장방형의 비대는 아무런 문양이 없는 것이 특징이다. 비신의 경우 전면에는 '옹정십년정월초일일인시생옹주아기씨태실雍正十年正月初一日寅時生翁主阿只氏胎室', 후면에는 '옹정십년삼월이십칠일묘시립雍正十年三月二十七日卯時立'이 새겨져 있다.

안성 성은리 태실 석물, 태실비와 태함

태실비   태실비의 전면과 후면

태실비의 비대   비수

태함

이를 통해 태주가 옹정 10년인 1732년^(영조 8) 정월 초1일에 출생한 것을 알 수 있어, 영조와 영빈 이씨 소생의 제6왕녀의 태실로 확인된다. 『태봉등록』을 보면 1732년 2월 13일에 영조는 옹주의 장태지를 경기도에서 고르도록 했고, 이에 관상감에서는 ▶양주 북면 가정자 퇴이동 오좌지향午坐子向 ▶양성 서면 승량원 망해산 청심사 동구 묘좌유향卯坐酉向 두 곳을 올렸다. 이에 영조는 양성 서면을 옹주의 장태지로 결정했고, 장태 길일은 3월 27일 묘시로 정해졌다. 이는 태실비의 내용과 일치한다. 이러한 안성 성은리 태실은 현재 제 위치를 잃어버린 채 석물이 보존되고 있는 사례로, 문화재 지정 및 보존과 관리에 신경을 써야 할 태실 유적이다.

3) 포천 무봉리 태봉

포천 무봉리 태봉은 만세교리 태봉과 함께 영조의 왕녀 태실로, 경기도 포천시 소흘읍 무봉리 산 132번지의 태봉 정상에 있었다. 현재 태실 관련 석물은 무봉 2리 마을회관으로 옮겨졌는데, 태실비와 태함 등이 온전하게 남아 있다. 해당 태실비의 외형은 연천 유촌리 태실의 사례처럼 비수 부분의 퇴화가 두드러지는데, 상단의 연봉은 일부 파손된 상태다. 이와 함께 장방형의 비대는 아무런 문양이 없다.

포천 무봉리 태봉의 석물

태실비   태실비의 전면과 후면

태실비의 전면에는 '옹정십삼년구월십구일축시생옹주아기씨태실雍正十三年九月十九日丑時生翁主阿只氏胎室', 후면에는 '옹정십삼년십일월이십육일진시립雍正十三年十一月二十六日辰時立'이 새겨져 있다. 이를 통해 태주가 옹정 13년인 1735년 (영조 11) 9월 19일에 출생한 사실을 알 수 있는데, 영조와 귀인 조씨 소생의 제8왕녀로 확인된다. 해당 왕녀의 경우 직첩을 받지 못한 채 세상을 떠났기에 제8왕녀로 불리고 있으며, 신생옹주로 표기하기도 한다. 특히 해당 왕녀를 주목해야 하는 건 경기도 부천시 작동 58-17번지에서 확인되는 신생옹주 묘의 묘주로 추정되기 때문이다.

태실비의 비대

비수

태함

부천 신생옹주 묘, 해당 무덤의 묘주는 포천 무봉리 태봉의 태주로 추정된다.

『태봉등록』을 보면 포천 무봉리 태봉의 장태 과정이 남아 있는데, 제8왕녀의 태실지를 경기도에서 찾으라는 영조의 지시에 따라 1735년 10월 15일 관상감의 지관 김우희를 보내 태실지를 조사했다. 그리고 이때 올린 태실지 가운데 경기도 포천현 서쪽 소흘산면 약사동 병좌임향丙坐壬向으로 낙점되었고, 길일은 같은 해 11월 26일 진시로 결정되었는데, 이는 태실비의 내용과 일치하고 있다. 태실의 길일은 옹주가 태어난 지 3개월이 되는 시점으로, "여태女胎는 석달이 되어야 잡는 것이 방서에 있는 장태법인데, 금년 을묘년 동짓달이 바로 석달이 되는 달이며 길월이다"[57]라고 언급하고 있다. 이처럼 포천 무봉리 태봉은 석물이 온전하게 남아 있어 문화재 지정과 더불어 보존과 관리에 신경을 써야할 태실 유적이다.

4) 포천 만세교리 태봉

문화재 조사를 다니다 보면 뜻하지 않게 해당 문화재와 숨바꼭질을 하는 경우가 있다. 그나마 해당 문화재가 잘 알려진 경우라면 이정표가 잘 되어 있어 찾기 어렵지 않지만, 반대일 경우 찾는 과정은 그야말로 고역이다. 또한 산에 있는 경우라면 더욱 복잡해지는데, 지번 주소를 검색할 경우 예상 밖의 넓은 범위에 당황하게 된다. 포천 만세교리 태봉 역시 이런 의미에서 찾는 과정이 쉽지가 않았던 태실이다. 왜 그런가 하면 해당 태실을 찾을 때만 해도 공식적으로 알려진 주소와 실제 주소가 달랐다. 때문에 해당 태실을 찾지 못하고 돌아섰다는 경험담도 찾을 수 있었다. 결국 포천 만세교리 태봉에 대한 정확한 위치 파악이 되지 않아 어쩔 수 없이 포천시청에 포천 만세교리 태봉의 위치에 대한 문의를 했고, 며칠 뒤 담당자가 직접 사진을 첨부해 가는 길을 알려주었기에 시행착오 없이 다녀올 수 있었다. 만약 포천시청에 물어보지 않고, 답사를 진행했다면 나 역시 허탕을 쳤을지도 모를 일이다.

포천 만세교리 태봉의 원경

포천 만세교리 태봉

　　포천 만세교리 태봉을 가는 방법은 경기도 포천시 신북면 만세교리 29-1
번지에 있는 대원사를 찾은 뒤 경내 산신각 쪽으로 있는 등산로를 따라 산의 정상으로 이동해야 한다. 이후 산의 정상에서 큰 길을 따라 내려오다 보면 포천 만세교리 태봉을 만날 수 있다. 한편 대원사에 주차한 뒤 스님께 태실비의 위치를 물어보니 옆에 있는 산을 가리키는 것을 보면 해당 태실의 존재는 인근의 마을 주민들에게는 인지되고 있음을 알 수 있다. 현재 포천 만세교리 태봉은 태실비와 태함의 개석이 일부 노출되어 있으며, 그 옆에는 인위적으로 파낸 구덩이가 있다. 태지석이 출토 되지 않았기에 해당 태실의 태주를 특정하기 위해서는 태실비를 주목해야 한다.

태실비   태실비의 전면과 후면

태실비의 비수는 갓 모양의 삼각형으로, 이전 태실에 비해 조각 수법이 간결해지고, 연봉과 하엽의 퇴화가 두드러지게 나타난다. 또한 장방형의 비대는 아무런 문양이 없다. 비신의 전면에는 '건륭삼년정월십구일축시생옹주아기씨 태실乾隆三年正月十九日丑時生翁主阿只氏胎室', 후면에는 '건륭삼년삼월이십육일오시

립乾隆三年三月二十六日午時立'이 새겨져 있다. 이를 통해 태주가 건륭 3년 1738년
(영조 14) 정월 19일에 출생한 사실과 같은 해 3월 26일에 태실을 조성한 것을
알 수 있다. 이해에 태어난 옹주는 영조와 영빈 이씨 소생의 화완옹주로 확인된
다. 『태봉등록』을 보면 1738년 2월 18일에 화완옹주의 태실지로 경기도 포천현
북면 만세교 동쪽 을좌신향乙坐辛向으로 낙점되었고, 장태 길일은 3월 26일 오
시로 결정되었는데, 이는 태실비의 명문과 일치하고 있다.

태실비의 비대

비수

일부 노출된 태함의 개석

　　화완옹주和緩翁主는 영조의 사랑을 받았던 딸로, 1749년(영조 25) 정우량의
아들인 일성위日城尉 정치달과 혼인했는데, 둘 사이에서 딸을 한 명 두었다. 하
지만 딸은 태어난 지 얼마 지나지 않아 세상을 떠났고, 1754년(영조30)에는 남
편인 정치달 마저 세상을 떠나게 된다. 과부가 된 화완옹주는 시댁 쪽의 인물인
정후겸을 양아들로 삼았는데, 화완옹주는 정후겸鄭厚謙을 앞세워 홍인한洪麟漢
등과 함께 세손(정조)을 견제했다. 실제 1775년(영조 51) 대리청정을 반대하기도
했는데, 이 같은 행보로 인해 훗날 정조가 왕위에 오른 뒤 탄핵되었다. 그 결과
양자인 정후겸은 처형되었고, 화완옹주는 옹주의 신분을 박탈당한 뒤 유배형
에 처해졌다. 말년에 유배에서 풀려났으나 이후의 행적은 기록의 부재로 알 수
가 없다.

---

63) 화완옹주와 정치달의 묘는 경기도 파주시 문산읍 파주시 문산읍 반구정로 46에 있다.

9. 포천 성동리 문조 태실[58]

　　문조의 태실은 경기도 포천시 영중면 성동리 산95-1번지로, 향교골 일대에 있었다. 하지만 일제강점기 때 태실의 도굴 및 훼손이 있었고, 남아 있던 석물은 한국전쟁 이후 육군 제5군단에서 인수한 뒤 보관했다. 이후 1977년 영평천변 소공원으로 옮겨졌다.[59] 효명세자孝明世子는 왕비 소생의 적장자로, 이름은 영昊이다. 숙종의 사례에서 볼 수 있듯 왕비 소생의 혈통은 효명세자에게 큰 힘이 되었다. 효명세자는 아버지 순조를 대신해 대리청정代理聽政을 하며 국정을 운영했는데, 순조에게 있어 효명세자는 희망과도 같은 존재였다. 하지만 효명세자는 불과 22살의 젊은 나이에 세상을 떠나면서, 왕위에는 오르지 못했다. 이후 순조가 승하한 뒤 효명세자와 현빈 조씨(신정왕후 조씨) 사이에서 태어난 헌종이 즉위하면서 아버지인 효명세자를 익종翼宗으로 추존했다. 이때부터 효명세자는 익종의 묘호로 불리게 되고, 이후 대한제국이 선포된 이후 고종은 익종을 문조익황제文祖翼皇帝로 다시 추존했다.

포천 성동리 문조 태실의 석물

귀롱대석

중앙태석, 개첨석과 중동석이다.

문조의 태실 관련 기록은 『원자아기씨장태의궤元子阿只氏藏胎儀軌』와 『익종대왕태실가봉석난간조배의궤翼宗大王胎室加封石欄干造排儀軌』 등이 남아 있어 태실의 조성 과정과 가봉 과정이 잘 남아있다. 『원자아기씨장태의궤』를 보면 효명세자가 태어나자 관상감에 장태지로 올린 후보 가운데 경기 영평현 상리면으로 결정되었고, 장태 길일은 1809년(순조 9) 12월 21일 오시五時로 결정이 되었다. 이후 안태사 홍명호는 문조의 태와 함께 12월 18일에 출발해 20일에 영평현에 도착했으며, 21일 경기관찰사인 김재창과 함께 태를 묻고, 200보를 측량해 화소 표석을 세웠다.[60] 이렇게 최초 효명세자의 태실이 포천 성동리에 조성되었다.

난간석을 이루는 연엽주석과 동자석주, 횡죽석

전석과 상석

헌종(憲宗 재위 1834~1849)이 즉위한 뒤 아버지인 효명세자를 익종翼宗으로 추존했다. 이때부터 효명세자는 왕의 신분으로 바뀌었고, 그 결과 1835년(헌종 1) 5월 초 10일 영의정 심상규가 익종 태실에 대한 가봉을 주청을 하게 된다. 이에 관상감에서 가봉 태실의 길일을 1836년 3월 21일 진시辰時로 올리게 되고 낙점되었다. 이와 함께 가봉에 쓰일 석물은 인근의 성동에서 뜨도록 했다. 이후 서표관인 신재식과 경기관찰사 겸 순찰사 김도희는 20일에 영평현에 도착한 뒤 준비된 석물을 안치한 뒤 21일 진시에 태실의 조성을 마쳤다. 또한 추가로 화소 구간을 측량해 사방에 표석을 세웠고, 금표 역시 추가로 100보를 추가해 새로 표석을 세웠다.

문조 태실의 하마비

한편 문조 태실의 석물 중 가봉비의 경우 현재 귀롱대석만 남아 있다. 다만 비신에 새겨진 명문은 『익종대왕태실가봉석난간조배의궤』에 남아 있는데, 전면에 '익종대왕태실翼宗大王胎室', 후면에는 '도광십육년삼월이십일일건道光十六年三月二十一日建'이 새겨졌다. 이와 함께 경기도에 조성된 3곳의 가봉 태실 가운데 하나로, 장태 석물의 상당수가 잘 남아 있어 복원도 가능한 수준이다. 때문에 태실지에 대한 발굴조사를 통해 추가 석물 및 태실의 정확한 위치를 고증할 필요가 있으며, 도 문화재로의 지정도 검토해볼만 하다. 이와 함께 문조 태실에서 주목해볼 표석 중 하마비下馬碑가 있는데, 태실 가운데 하마비가 확인된 사례는 ▶충주 경종 태실 ▶보은 순조 태실 ▶포천 성동리 문조 태실 단 3곳뿐이다. 향후 복원 시 하마비와 화소, 금표 등의 표석 역시 복원이 필요하다.

4장

태주를 알 수 없는
태실

1) 시흥 무지내동 태봉

시흥 무지내동 태봉은 경기도 시흥시 무지내동 산16번지에 있는 태봉의 정상에 있다. 태실지의 외형은 그릇을 엎어둔 형태인 태봉을 중심으로 좌·우측 면과 후면에 봉재산이 감싸고 있는 돌혈突穴의 형태다. 이러한 지형을 통해 무지내동 태봉이 풍수지리의 영향을 받아 조성된 것을 알 수 있다. 또한 태봉의 정상에는 태함의 개석이 노출되어 있는데, 사진으로만 볼 때는 자연석으로 착각하기 쉽다. 하지만 현장에서 확인해보면 태함의 개석이 일부 기울어져 노출된 면이 자연석의 형태로 보일 뿐이다. 개석[64]의 후면에서 확인해보면 인공적으로 다듬은 석물인 것을 알 수 있다.

시흥 무지내동 태봉, 정상에 태함의 개석이 노출되어 있다.

---

64) 『2020 경기도 태봉태실 조사보고서』를 통해 개석의 재질이 화강암으로 확인되었다. 그 이전에는 안내문과 『조선의 태실3(1999)』 등에 대리석으로 표기하고 있다.

태함의 개석

　　다만 태실비를 비롯해 태지석 등이 남아 있지 않아 시흥 무지내동 태봉의 태주가 누구인지는 알 수 없다.[65] 따라서 해당 태함의 발굴조사를 통해 태함의 형태와 추가 유물의 수습 등이 이루어진다면 어느 시기의 태실인지 규명하는 데 많은 도움이 될 것이다. 또한 입지조건이나 태함 등을 볼 때 조선왕실의 태실은 확실해 보인다. 이와 함께 시흥 무지내동 태봉은 현재 군 부대 안에 있어 접근성의 측면에서 제약이 있는 편이다.

2) 안산 고잔동 태실

　　안산문화원의 야외에는 태함이 있는데, 이는 안산 고잔동 태봉에서 옮겨온 것이다. 태실이 있던 곳은 경기도 안산시 단원구 고잔동 671번지로, 지금은 고잔 2동 주공 8단지 아파트가 들어섰다. 해당 태실은 고려의 태봉이라는 전승[66]이 있지만 태함의 형태상 고려의 태실로 보기는 어렵다. 또한 태함의 개석에서 확인

---

65) 안내문에서는 사대부의 태실이라고 소개하고 있지만, 이 태실이 사대부의 태실이라는 근거는 찾기가 어렵다. 사대부의 태실이 있기는 하지만 대부분 태어난 장소를 의미한다. 시흥 무지내동 태봉처럼 길지에 태를 묻고, 태함 등의 석물을 사용하는 것은 조선왕실의 태실에서 보이는 특징이다.

66) 안산문화원에 있는 태함의 안내문에는 고려 문종 태실로 표기하고 있다.

되는 4개의 돌기는 조선 중기의 태함에서 나타나는 특징이다. 따라서 해당 태실은 조선왕실의 태실로 봐야 한다. 하지만 태주의 신분을 밝혀줄 태실비와 태지석 등이 확인되지 않았기에 누구의 태실인지는 명확히 알기 어렵다.

안산문화원, 야외에 전시된 안산 고잔동 태실의 태함

다만 『태봉등록』을 보면 1696년(숙종 22) 정월 21일에 경기감사 김재현은 안산安産 화곡면火谷面에 있는 왕녀 태봉이 한길 남짓 도굴되었다는 장계를 올렸다. 또한 같은 해 2월 13일에 해당 왕녀의 태봉을 개수한 기록이 남아 있다.[61] 해당 기록에서도 누구의 태실인지는 언급이 없기 때문에 어느 왕녀의 태실인지는 알 수 없다.[67] 한편 2011년에 발행된 『안산시사4』를 보면 태실비의 비신을 태봉 아래 논에 묻은 것으로 확인되는데, 그 이유는 태봉에 있는 태실비 때문에 월피동의 부녀자들이 바람을 핀다고 해서 마을 주민들이 태봉이 있던 태실비를 굴려 논에 묻었다는 것이다.[62] 물론 전승의 형태인 것을 감안해야 하지만 여기서 주목할 점은 고잔동 태봉의 태실비가 비신과 비대가 분리되는 형태라

---

67) 『2020 경기도 태봉태실 조사보고서』에서는 해당 태실을 숙종의 왕녀 태실로 추정하고 있다.

는 것이다. 이는 『조선보물고적조사자료朝鮮寶物古蹟調査資料』에 "묘의 동쪽에 태비의 대석이 하나 있다."는 내용과도 일치한다.[63] 따라서 안산 고잔동 태실은 비신과 비대가 분리되는 특징과 태함의 개석에서 4개의 돌기가 돌출된 특징 등을 볼 때 조선 중기에 조성된 태실로 추정된다.

3) 연천 동막리 샘골 태실

연천 동막리 샘골 태실의 원경

태봉의 정상

개석이 노출되어 있으며, 뒤로 안내 표석이 세워져 있다.

연천 동막리 샘골 태실은 경기도 연천군 연천읍 동막리 산55-2번지로, 태봉의 정상에 있다. 정상부는 군 참호가 들어서 있고, 정상에는 태실의 개석이 일부 노출이 되어 있는데, 뒤로는 태실임을 알리는 표석이 세워져 있다. 안타깝게도 태주를 특정할 수 있는 태실비와 태지석 등이 출토되지 않아 누구의 태실인지는 알 수 없다. 한편 해당 태실은 성산으로 가는 1코스의 시작점으로, 평소에도 사람들이 찾는 장소다. 특히 멀지 않은 곳에 혜정옹주의 태실인 연천 부물현 혜정옹주 태실지가 있어 함께 주목해볼만 하다.

4) 포천 송우리 태봉

포천 송우리 태봉의 태함

포천 송우리 태봉은 경기도 포천시 소흘읍 송우리 산28번지로, 태봉산의 정상에 태함이 남아 있다. 해당 태함은 고려 태조 왕건의 딸인 정희왕녀 혹은 고려 왕자의 태실이라는 전승이 있어왔다. 다만 전승과 실제 태주가 다른 사례가 있기에 전적으로 신뢰하기는 어렵다. 때문에 포천 송우리 태봉의 태주가 누구인지, 어느 시기에 조성된 태실인지는 알 수가 없다. 또한 고려시대의 태실 사례가 명확하게 밝혀진 바 없기에 이 부분은 추가적인 연구가 필요해 보인다. 한편 포천 송우리 태봉의 주변으로 태봉과 관련한 지명을 어렵지 않게 찾을 수 있다. 또한 정상에 있는 태함은 상부의 개석은 복원한 것이고, 하부의 석물이 태함과 관련이 있는지는 추가적인 확인이 필요하다.[64]

5) 포천 금주리 태실

포천 금주리 태실의 원경

포천 금주리 태실의 태함, 문조 태실이 있는 영평천변 소공원에 있다.

태함의 내부, 습기 제거 및 배수를 위한 구멍이 있다.

포천 금주리 태실은 포천시 영중면 금주리 480번지로, 태봉의 정상은 분묘가 자리하고 있으며, 주변으로 군 참호가 남아 있다. 지난 1980년대에 군부대에서 공사를 할 때 태함이 출토되었다고 하며, 이때 출토된 태함 중 개석은 태봉의 북쪽 사면에 묻었다고 하며, 태함의 함신은 영평천변 소공원으로 옮겼다고 한다.[68] 하지만 태실비와 태지석 등이 확인되지 않아 누구의 태실인지는 알 수 없다.

68) 『2020 경기도 태봉태실 조사보고서』, 2021, 경기문화재연구원, 293p 중 이응수(67)씨의 증언 "군 참호를 파다가 태함이 나왔는데, 뚜껑은 태봉 북쪽사면에 묻었고, 함신은 영평천변의 익종태봉공원으로 옮겨놓았다고 한다."

6) 포천 주원리 군자동 태실

포천 주원리 군자동 태실의 원경

정상부에 파괴된 채 남아 있는 포천 주원리 군자동 태실

태함의 특징인 습기 제거 및 배수를 위한 구멍이 확인된다.

포천 주원리 군자동 태실은 경기도 포천시 창수면 주원리 산247번지로, 태봉의 정상에 있었다. 해당 태실은 1990년대 군부대의 진지공사 과정에서 청자빛의 태항아리를 수습했다고 하는데, 현재 태항아리의 행방은 알 수 없다.[65] 2020년 경기문화재연구원의 조사 결과에서 정상 부근에서 태함의 함신이 발견되었다. 해당 함신이 파괴되기는 했지만 태실에서 보이는 특징인 배수와 습기 제거를 위한 구멍이 확인되고 있어 태실 관련 유적임을 알 수 있다. 다만 태지석과 태실비 등이 확인되지 않아 누구의 태실인지는 알 수 없다.

7) 파주 축현리 태실

파주 축현리 태실은 파주시 탄현면 축현리 산96-1번지에 있는 태봉의 정상에 있다. 『조선의 태실3⁽¹⁹⁹⁹⁾』을 보면 당시 태함과 비대가 확인되었는데, 이때도 태실비의 비신은 유실된 상태였다. 현재 태봉의 정상에는 태실비의 비대가 깨진 채 남아 있는데, 비대에는 복련과 안상 등이 새겨져 있다. 또한 비대의 뒤로는 파헤쳐진 흔적이 있어 이곳이 태실지라는 것을 알 수 있다. 파주 축현리 태실에서 출토된 태함은 현재 국립중앙박물관의 야외 석조공원으로 옮겨져 있다. 안타깝게도 태실비의 비신과 태지석이 남아 있지 않기에 해당 태실이 태주가 누구인지는 알 수가 없다. 다만 남아 있는 비대와 태함의 형태를 통해 조선 중기에 조성된 태실로 추정된다.

파주 축현리 태실의 원경

파주 축현리 태실지, 앞쪽에 깨진 비대가 남아 있다.

비대, 복련과 안상이 새겨져 있다.

국립중앙박물관으로 옮겨진 파주 축현리 태실의 태함, 4개의 돌기가 돌출된 개석

　　처음 파주 축현리 태실을 찾았을 때 관련 정보가 없어 찾기가 어려웠던 장소 중 한 곳이다. 심지어 태봉 인근에 있는 가게나 주민들에게 물어봐도 그런 것이 있냐는 반응이었다. 이후 차문성 소장님^(파주문화원 향토문화연구소)이 진성군 이해령묘 앞쪽에 있는 봉우리가 태봉이라고 알려주어 파주 축현리 태실은 두 차례의 조사 끝에 기록으로 남길 수 있었다. 어떻게 보면 관리와 보호를 받지 못한 태실이 어떻게 사람들의 기억에서 잊혀 가는지를 잘 보여주고 있어 파주 축현리 태실을 찾았던 일화는 오래도록 기억에 남을 것 같다.

5장

서삼릉 태실의 이해

1. 서삼릉으로 태실이 옮겨진 이유는?

　　전국에 산재해 있던 태실이 서삼릉으로 집장된 건 일제강점기 때인 1928~1934년에 있었던 일이다. 앞서 살펴본 것처럼 태실은 풍수지리의 영향을 받아 길지에 태를 묻었다. 때문에 태실은 전국적으로 분포하는 특징을 보였고, 이와 관련한 지명들이 남게 된 것이다. 이러한 태실은 조선 왕조가 유지되는 동안 엄격하게 관리되었는데, 태실의 훼손이나 실화가 있을 경우 조정에서 그 책임을 엄중히 물었다. 이와 관련해 『중종실록』을 보면 영천의 세자 태실(인종)이 실화로 인해 훼손된 사건이 있었고, 이와 관련해 조정은 다음과 같이 대응했다.

> "영천永川에 사는 산지기 김성문金性文과 박만수朴萬壽 등이 세자世子의 태실胎室을 삼가 수직守直하지 못하여 실화失火한 죄로 장 일백杖一百을 받았고, 군수 허증許磳은 삼가 규검하지 못하여 실화한 죄로 장 칠십杖七十에 처하고 수속收贖하게 하였다. 이는 모두 소방疎放 전의 일이었다."
>
> － 『중종실록』 권65 중종 24년(1529) 7월 14일 중

> "평상시 태반胎盤을 태봉胎封할 적에는 그 택일擇日을 능묘陵廟의 일과 달리하지 않는 것은, 그 일을 중히 여겨서이다. 예조의 공사를 보건대, 수백 보나 태웠으니 지극히 놀랍다는 내용으로 공사를 만들었다. 과연 태실胎室이 불탄 것이 사실이라면 이런 일이 있을 수 있겠는가? 〈중략〉... 그러나 세자의 태봉胎峯에 대해서는 평상시에도 근신하여 지켜야 하는 것인데, 잘 규찰糾察하지 못하

여 실화하게 된 것이다. 이 일이 중하다는 것을 보이려면 달리 예例를 만들 것이 아니라, 그 수령을 체직시켜야 한다. 그러면 뒷사람들이 반드시 '과거에 수령이 실화 때문에 체직당한 일이 있다.' 하면서, 징계하는 마음을 지닐 것이다. 군수는 체차遞差시키라."[66]

- 『중종실록』 권65 중종 24년(1529) 7월 14일 중

위의 내용에서 볼 수 있듯 세자의 태실을 제대로 수직守直하지 못한 산지기 김성문과 박만수에 대해 형벌을 내렸고, 제대로 관리하지 못한 책임을 물어 영천군수 허증을 체직遞職했다. 이러한 사례는 인조 때에도 확인되는데, 『태봉등록』을 보면 1643년(인조 21) 성주 선석산에 있는 태봉의 화소에 불이 나는 사건이 발생했고, 이에 조정에서는 성주목사 송홍주宋興周에 전례에 따른 책임을 물었다. 여기서 책임이란 위의 사례와 같은 체직의 형태다. 반면 태봉의 화재 때 불을 끈 승려들에게는 베 1필과 쌀 2말을 포상으로 내린 뒤 승역을 감해주고, 태봉을 지키는 수직守直으로 삼았다.

이처럼 조선이 유지되는 동안 엄격하게 관리된 태실은 나라가 망한 뒤 문제가 되었다. 경술국치庚戌國恥 이후 조선왕실은 이왕가李王家로 격하되었고, 이 과정에서 국유화된 황실 재산과 이왕가의 재산을 구분을 위해 현장조사를 통해 경계를 나누었다. 그 대상은 능陵·원園·묘墓·태실胎室이었고, 이를 위해 재정된 것이 『이왕가분영부속지정리표준李王家墳塋附屬地整理標準』이다. 해당 정리표준에서 태실의 경계 설정은 사초지莎草地 밖 10간間 이내를 이왕가 소유지로 정했다.[67] 이후 태실지에 대한 처분의 기조 속에 관리가 되지 않던 태실에 대한 문제가 제기되기 시작한다.

1928년 9월 10일자『매일신보』를 보면 29곳의 태봉 중 8곳에서 암장한 시신이 나왔으며,[68] 방치된 태실에 대한 도굴이 자행되는 등 태실의 훼손이 빈번하게 발생했다. 이는 조선 왕조가 유지되었다면 있을 수가 없었던 훼손이었다. 이렇게 태실에 대한 관리가 제대로 되지 않으면서, 이왕직李王職에서는 태의 훼손을 우려해 예식과 소속의 전사典祀들이 전국에 흩어져 있던 태실을 한 곳으로 모았다. 그리고 이때의 출장복명서가 바로『태봉胎封』이다.『태봉』의 기록을 보면 예식과禮式課 전사보典祀補 한상희韓相羲 일행이 1928년 8월 5일 경성에서 출발해 ▶김천 지례면 관덕리 소재 숙명·숙경공주 태실(8월 6일~10일) ▶성주 성암면 대봉동 소재 태종 태실(8월 12일~13일) ▶성주 월항면 인촌동 소재 세조 태실(8월 16일~17일) ▶영천 은해사 태실봉 소재 인종 태실(8월20~21일) ▶사천 은

서삼릉 태실

사리 소재 단종 태실(인성대군 태실, 8월 25일~26일) ▶사천 은사리 소재 세종 태실
(8월 27일~28일)을 차례로 봉출한 뒤 기차 편을 이용해 경성으로 봉송한 사실을
알 수 있다. 이와 함께 사천 세종 태실을 끝으로 한상희 일행은 29일에 은사리
를 출발해 30일 경성역에 도착했고, 이와 관련한 출장복명서인『태봉』을 남겼다.

  이처럼 태실에 대한 봉출이 이루어져 1928년에 전국의 태봉 39개소를 옮겼
다. 당시 임시로 경성 수창동 이왕직 봉상시奉常寺에 봉안실을 신축해 태실을 이
봉을 한 뒤 최종적으로 서삼릉 역내에 봉안했다.[69]『태봉』에 기록된 태실매안시
배진차제胎室埋安時陪進次第를 보면 소화 5년인 1930년 4월 15일부터 17일까지
왕과 왕자·왕녀 49기를 서삼릉으로 옮겨 매안했는데, 매안 순서는 다음 표와
같다.

〈표-10〉『태봉』에 기록된 서삼릉 태실 매안 순서

날짜 / 순서		태실
1930.4.15	1회	태조고황제, 정종대왕, 태종대왕, 세종대왕
	2회	문종대왕, 세조대왕, 예종대왕, 성종대왕, 중종대왕
	3회	인종대왕, 명종대왕, 선조대왕, 숙종대왕, 경종대왕, 영조대왕
1930.4.16	1회	장조의황제, 정조선황제, 순조숙황제, 헌종성황제, 순종효황제
	2회	왕전하(영친왕), 덕혜옹주, 인성대군[69], 연산군모윤씨(폐비윤씨), 안양군
	3회	완원군, 왕자수장, 견성군, 연산군자금돌이, 연산군자인수, 왕녀영수
1930.04.17	1회	연산군녀복억, 연산군녀복합, 덕흥대원군, 인성군, 인흥군, 숙명공주
	2회	숙정공주, 숙경공주, 명선공주, 연령군, 영조왕녀(화유옹주), 영조왕녀(화령옹주)
	3회	영조왕녀(화길옹주), 의소세손, 문효세자, 철종왕녀, 고종제8남, 고종제9남

---

69) 위의 표를 보면 단종의 태실이 없는데, 분명 1928년 8월 25일~26일까지 예식과 전사보 한상희 일행이 사천 은사리
에서 단종의 태실을 이봉한 것으로 기록하고 있지만, 정작 서삼릉으로 태실을 매안할 때는 없는 것을 볼 수 있다. 이유
는 단종의 태실이 사실은 인성대군의 태실이었기 때문으로, 이는 출토된 태지석의 명문을 통해 확인이 된다. 실제 서
삼릉에 있는 인성대군 태실비의 뒷면을 보면 은사리에서 이봉된 것으로 설명하고 있다. 이와 관련한 내용은 후술할 인
성대군 태실을 참고하자!

표에는 없지만 이구李玖·이진李晉·영산군寧山君·의혜공주懿惠公主·경평군慶平君 태실 등은 이후 추가로 이봉이 되면서 현재 서삼릉에는 54위의 태실(왕: 22위 왕자·왕녀:32위)이 자리하게 되었다. 또한 서삼릉 태실에 있는 태실비의 뒷부분을 보면 예외 없이 연호 부분에 대한 인위적 훼손이 가해진 것을 볼 수 있는데,『태봉』의 기록을 통해 훼손된 연호 부분이 바로 소화 5년(1930)인 것을 알 수 있다. 이처럼 일제강점기에 행해진 이 같은 태실의 이봉은 명목상으로는 관리와 보호를 위한 것이라고 하지만 풍수지리를 기반으로 길지에 조성한 태실 특성을 고려하면 사실상 훼손에 가까운 만행이었던 것이다.

1930년 4월에 조성된 서삼릉 태실, 사실상 훼손에 가까운 만행이다.

2. 서삼릉 태실의 태주와 태실지

1) 왕의 태실, 오석비군

　　서삼릉으로 옮겨진 태실은 크게 왕의 태실과 왕자 · 왕녀의 태실로 구분되는데, 왕의 태실은 오석으로 제작된 비석에 전면에는 '□□대왕태실(□□大王胎室)' 혹은 '□□□황제태실(□□□皇帝胎室)', 후면에는 '□□□년□월/자□□□□□□□□이봉(□□□年□月/自□□□□□□□□移封)'이 새겨졌다. 왕의 태실인 오석비군은 총 22기의 태실이 있는데, 여기에는 나라가 망한 뒤 왕공족의 신분이 부

서삼릉 태실, 오석비군

여되면서 이왕李王의 작위를 세습했던 영친왕과 이왕세자인 이구의 태실도 포함되어 있다. 하지만 모든 왕의 태실이 있는 것은 아니다. 역대 왕 가운데 ▶단종 ▶연산군 ▶광해군 ▶인조 ▶효종 ▶현종 ▶문조 ▶철종 ▶고종의 태실은 빠져 있다.

오석비군의 후면, 연호 부분이 인위적으로 지워졌는데, 쇼와시대의 연호인 소화오년昭和五年(1930)이 새겨진 부분이다.

그렇다면 이들 왕의 태실은 왜 서삼릉으로 옮겨지지 못했을까? 그 사연을 알고 보면 다 제각각인데 가령 단종의 경우 일제강점기 당시 예식과 전사보 한상회 일행이 단종의 태실을 봉출한 것으로 기록되어 있지만, 함께 출토된 태지석의 확인을 통해 단종의 태실이 아닌 인성대군의 태실로 확인되었다. 실제 단종의 태실은 성주군 가천면 법전리에 있는 법림산에 가봉 태실이 있었으나, 훗날 세조의 왕위 찬탈과 상왕복위운동의 여파로 영월로 유배를 갔다가 비극적인 죽음을 맞았다. 이후 단종의 태실은 공식 철거가 되었고, 이후 실전이 되었기 때문에 단종의 태실은 서삼릉으로 옮겨질 수 없었다. 반면 연산군의 경우 폐위된 왕이기에 애초 조성된 태실이 무사했을 가능성이 없다. 이는 광해군 태실의 사례를 통해 알 수 있다. 광해군의 태실은 대구 연경동에 조성되었는데, 현재 태실지에는 파괴된 석물 일부만 남아 있다. 석물의 상태를 미루어보면 폐위된 당대에 태실의 훼손이 있었던 것으로 추정된다. 따라서 연산군의 태실[70]역시 이와 유사한 형태로 훼손된 것으로 판단된다.

반면 인조의 태실은 『인조실록』에 정토사淨土寺[71] 앞 봉우리에 있었다는 기록과 일제강점기 당시 황해도 해주면 남본정南本町에서 이봉되었다는 기사가 있다. 이 경우 두 기록의 진위 여부에 대한 논란이 불가피하다. 다만 서삼릉 태실에 인조의 태실이 없는 부분을 고려하면 정토사 쪽 기록이 좀 더 가능성이 높아 보인다. 반면 효종의 경우 태실의 조성이나 가봉 관련 기록이 없다는 점에서 조성되지 않았을 가능성이 높다.

현종 태실의 경우 충청남도 예산군 신양면 황계리 189-46번지에 있었으나 1928년 이전에 도굴되어 서삼릉으로 옮겨지지 못한 것으로 보인다. 이러한 사례는 문조 태실에서도 확인되는데, 이는 일제강점기 당시 태실의 관리가 제대로 되지 않았음을 보여준다. 또한 철종과 고종의 경우는 애초 왕자의 신분으로 태어난 것이 아니었기에 아기씨 태실이 조성되지 못했다. 이후 가봉 태실을 조성한 기록이 확인되지 않기에 철종과 고종의 태실은 조성되지 않은 것으로 추정된다. 이처럼 서삼릉으로 이봉된 왕의 태실을 표로 정리해보면 다음과 같다.

---

70) 연산군의 태실지와 관련해 『2020년 경기도 태봉태실 조사보고서』에는 광주 목현동 태실을 연산군의 태실지로 추정한 바 있다.

71) 정토사淨土寺: 충청북도 충주시 동량면 하천리에 있는 사찰로, 지금은 터만 남아 있다. 『신증동국여지승람』에는 개천사開天寺로 기록되어 있으며, 정토산淨土山에 있었다. 고려高麗 역대 왕조의 실록實錄을 보관했던 사찰로, 『인조실록』의 기록을 통해 정토사에 인조와 소현세자의 태실이 조성된 것으로 추정된다.

〈표-11〉 서삼릉 태실(왕) 전·후면 명문

순번	태실	전면	후면	태실지
1	태조 태실	太祖高皇帝胎室	□□□年五月/ 自全北錦山郡秋富面移封	충남 금산군
2	정종 태실	定宗大王胎室	□□□年五月/ 自慶北金泉郡坴項面移封	경북 김천시
3	태종 태실	太宗大王胎室	□□□年五月/ 自慶北星州郡聖岩面移封	경북 성주군
4	세종 태실	世宗大王胎室	□□□年五月/ 自慶南泗川郡昆明面移封	경남 사천시
5	문종 태실	文宗大王胎室	□□□年五月/ 自慶北榮州郡上里面移封	경북 예천군
6	세조 태실	世祖大王胎室	□□□年五月/ 自慶北星州郡月恒面移封	경북 성주군
7	예종 태실	睿宗大王胎室	□□□年五月/ 自全北全州郡九耳面移封	전북 완주군
8	성종 태실	成宗大王胎室	□□□年五月/ 自京畿道廣州郡慶安面移封	경기 광주시
9	중종 태실	中宗大王胎室	□□□年五月/ 自京畿道加平郡内面移封	경기 가평군
10	인종 태실	仁宗大王胎室	□□□年五月/ 自慶北永川郡清通面移封	경북 영천시
11	명종 태실	明宗大王胎室	□□□年五月/ 自忠南瑞山郡雲山面移封	충남 서산시
12	선조 태실	宣祖大王胎室	□□□年五月/ 自忠南扶餘郡忠化面移封	충남 부여군
13	숙종 태실	肅宗大王胎室	□□□年五月/ 自忠南公州郡 木洞面移封	충남 공주시
14	경종 태실	비신 없음	비신 없음	충북 충주시
15	영조 태실	英祖大王胎室	□□□年五月/ 自忠北清州郡琅城面移封	충북 청주시
16	장조 태실	莊祖懿皇帝胎室	□□□年五月/ 自慶北榮州郡上里面移封	경북 예천군
17	정조 태실	正祖宣皇帝胎室	□□□年五月/ 自江原道寧越郡下東面移封	강원 영월군
18	순조 태실	純祖肅皇帝胎室	□□□年五月/ 自忠北報恩郡俗離面移封	충북 보은군

순번	태실	전면	후면	태실지
19	헌종 태실	憲宗成皇帝胎室	□□□年五月/ 自忠南禮山郡德山面移封	충남 예산군
20	순종 태실	純宗孝皇帝胎室	□□□年五月/自忠南洪城郡 龜項面移封	충남 홍성군
21	영친왕 태실	李王殿下胎室	□□□年五月/ 自昌德宮秘苑移封	서울 창덕궁
22	왕세자 이구 태실	王世子胎室	□□□年一月二十五日立	동경

(1) 태조 태실

　　조선을 건국한 태조 이성계의 태실로, 서삼릉에 있는 태실비의 전면에는
'태조고황제태실太祖高皇帝胎室', 후면에는 '□□□년오월/자전북금산군추부면이
봉(□□□年五月/自全北錦山郡秋富面移封)'이 새겨져 있다. 태실비에 고황제高皇帝의
명칭이 들어간 이유는 조선이 대한제국으로 바뀐 이후인 1899년(고종 36)에 태
조의 묘호와 황제 칭호를 높였기 때문이다. 여기서 고高의 의미는 기강을 만들
고 표준을 세운 의미로, 조선을 건국했던 태조의 묘호와 제호로서는 잘 어울리
는 명칭이다.

전주 경기전慶基殿에 봉안된 태조 이성계의 어진

서삼릉 태조고황제 태실비의 전면과 후면

태조 태실

가봉비   장태 석물

　태조의 태실은 충청남도 금산군 추부면 마전리 산4번지에 있었다. 일제강
점기 당시 태조의 태실이 이봉되는 과정에서 도기 형태의 태항아리가 출토되
었다. 현재 태실지는 분묘가 들어선 상태로, 태실 석물은 마전리 산1번지로 옮
겨져 현재의 모습으로 복원되었다. 해당 태실의 석물은 크게 가봉비와 장태 석
물 등이 남아 있는데, 가봉비의 전면에는 '태조대왕태실太祖大王胎室', 후면에는
'강희이십팔년삼월이십구일중건康熙二十八年三月二十九日重建'이 새겨져 있다. 이
를 통해 강희 28년인 1689년(숙종 15) 3월 29일에 태조 태실에 대한 개수가 있
었음을 알 수 있다. 이와 관련한 기록은 『태봉등록』에서도 확인된다.

(2) 정종 태실

서삼릉 정종 태실비의 전면과 후면

직지사 뒤 태봉에 있는 정종 태실지

우전석

직지사 경내로 옮겨진 중앙태석

성보박물관 앞 연엽주석

태실석물중수정공욱제불망비|胎室石物重修鄭公旭濟不忘碑

정종은 태조와 신의왕후 한씨의 둘째 아들로, 이름은 방과芳果 공호는 영안
공永安公이다. 서삼릉에 있는 태실비의 전면에는 '정종대왕태실定宗大王胎室', 후
면에는 '□□□년오월/자경북김천군대항면이봉(□□□年五月/自慶北金泉郡垈項面
移封)'이 새겨져 있다. 정종의 태실은 경상북도 김천시 대항면 운수리 산84-3번
지로, 직지사 대웅전 뒤 태봉이다. 지금도 태봉의 정상에는 정종 태실과 관련된
석물의 일부가 흩어진 채 방치되어 있다. 또한 중앙태석과 연엽주석 등 일부 석
물은 직지사 경내로 옮겨져 있으며, 정종 태실의 중수 당시 정욱제가 금전을 기
여해 세운 '태실석물중수정공욱제불망비胎室石物重修鄭公旭濟不忘碑'가 남아 있다.
한편 있어 정종의 태실이 이봉되는 과정에서 도기 형태의 태항아리가 출토되
었다.

(3) 태종 태실

서삼릉 태종 태실비의 전면과 후면

태종 태실지의 원경

태종 태실지(2015년) ⓒ 성주군청

태종은 태조와 신의왕후 한씨 소생의 다섯째 아들로, 이름은 방원芳遠 공호는 정안공靖安公이다. 서삼릉에 있는 태실비의 전면에는 '태종대왕태실太宗大王胎室', 후면에는 '□□□년오월/자경북성주군성암면이봉(□□□年五月/自慶北星州郡聖岩面移封)'이 새겨져 있다. 태종의 태실은 경상북도 성주군 용암면 대봉리 산65

번지로, 현재 태종의 태실지에는 분묘가 들어선 상태로, 지난 2015년 성주군청에서 분묘 주변에 있던 태실의 석물을 수습해 수장고에 보관 중이다. 한편 『태봉』을 보면 1928년 8월 11일 김천을 출발한 예식과 전사보 한상희 일행은 8월 12일에 태종의 태실이 있는 성암면 대봉동에 도착했다. 이후 사후토제를 지낸 뒤 바로 봉출 공사에 들어가 8월 13일에 태실의 봉출이 마무리 되었다. 봉출한 태실은 이병석의 집에 임시로 봉안한 뒤 8월 14일에 봉출지를 매립했다. 한편 태종의 태실은 일제강점기 때 현 서삼릉으로 이봉이 되는데, 이 과정에서 도기 형태의 태항아리가 출토되었다.

(4) 세종 태실

서삼릉 세종 태실비의 전면과 후면

세종은 태종과 원경왕후 민씨 소생의 셋째 아들로, 이름은 도陶 군호는 충녕대군忠寧大君이다. 서삼릉에 있는 태실비의 전면에는 '세종대왕태실世宗大王胎室', 후면에는 '□□□년오월/자경남사천군곤명면이봉(□□□年五月/自慶南泗川郡昆明面移封)'이 새겨져 있다. 세종의 태실은 경상남도 사천시 곤명면 은사리 산27번지로,『태봉등록』을 보면 난간석의 일부가 훼손이 되어 1734년(영조 10) 태실 개수가 이루어진 바 있다. 이때 세워진 가봉비의 전면에는 '세종대왕태실世宗大王胎室', 후면에는 '숭정기원후일백칠년갑인구월초오일건崇禎紀元後一百七年甲寅九月初五日建'이 새겨져 있다. 여기서 숭정기원후 107년을 환산해보면 1734년(영조 10)으로,『태봉등록』의 기록과 일치하는 것을 볼 수 있다.

사천 세종 태실의 원경

산 아래로 옮겨진 세종 태실의 석물

가봉비

한편 『태봉』을 보면 예식과 전사보 한상회 일행은 1928년 8월 22일 하양을 출발해 대구를 거쳐 24일 오후에 은사리에 도착했다. 다음 날인 25일~26일에 걸쳐 사후토제를 시작으로 단종대왕 태실(인성대군 태실)[72]을 봉출한 뒤 당시 구장인 황영문의 집에 임시로 봉안했다. 다음 날인 27일 세종대왕 태실에 대한 사후토제를 지낸 뒤 봉출했고, 오후에 봉출된 태실을 황영문의 집으로 옮겨 봉안했다. 28일에 양 태실을 매립한 뒤 29일 은사리를 출발해 진주역에 도착한 뒤 기차편으로 30일에 경성역에 도착했으며, 이후 봉상소에 양 태실을 봉안했다. 또한 당시 양 태실 석물은 사천군 곤명면에서 기념으로 영구 보존을 희망했기에 별지의 양수증을 받고 양도했다. 이처럼 세종의 태실이 봉출되는 과정에서 태지석과 분청사기, 백자 형태의 태항아리가 출토되었다. 또한 이 과정에서 태실지는 민간에 팔려 현재 분묘가 조성되어 있으며, 세종의 태실 석물은 산 아래로 옮겨져 있다.

여주 영릉英陵, 세종과 소헌왕후 심씨의 합장릉이다.

72) 『태봉』에 기록된 단종대왕 태실은 예종과 장순왕후 한씨의 소생인 인성대군의 태실이다.

(5) 문종 태실

서삼릉 문종 태실비의 전면과 후면

복원된 문종 태실

가봉비

문종은 세종과 소헌왕후 심씨의 맏아들로, 이름은 향珦이다. 서삼릉에 있
는 태실비의 전면에는 '문종대왕태실文宗大王胎室', 후면에는 'ㅁㅁㅁ년오월/자
경북영주군상리면이봉(ㅁㅁㅁ年五月/自慶北榮州郡上里面移封)'이 새겨져 있다. 문종
의 태실은 경상북도 예천군 효자면 명봉리 산2번지로, 명봉사 대웅전 뒤 태봉
의 정상에 있다. 복원 이전에는 명봉사 경내 문종 태실의 가봉비만 옮겨진 상태
로, 태실지는 사실상 방치된 상태였다. 그러다 발굴조사를 거쳐 현재 복원이 마
무리된 상태로, 가봉비의 전면에는 '문종대왕태실文宗大王胎室', 후면에는 숭정기
원후일백팔년을묘구월이십오일건崇禎紀元後一百八年乙卯九月二十五日建가 새겨져
있다. 숭정기원후 108년을 환산해보면 1735년(영조 11)으로, 『태봉등록』을 보면

이해에 문종 태실의 개수 기록이 확인된다. 한편 문종의 태실은 일제강점기 때 서삼릉으로 태실이 이봉되었는데, 이때 내항아리는 도기, 외항아리는 분청사기 형태의 태항아리가 출토되었다.

(6) 세조 태실

서삼릉 세조 태실비의 전면과 후면

　　세조는 세종과 소헌왕후 심씨의 둘째 아들로, 이름은 유瑈 군호는 수양대군 首陽大君[73]이다. 서삼릉에 있는 태실비의 전면에는 '세조대왕태실世祖大王胎室', 후

---

73) 세조의 군호는 여러 차례 바뀌었는데, 1428년(세종 10) 6월 16일 대광보국 진평대군으로 봉해졌으며, 1433년(세종 15) 7월 1일 진양대군, 1445년(세종 27) 2월 11일 수양대군으로 군호의 명칭이 바뀌었다. 이에 따라 세조의 아기비에는 진양대군의 군호가 남게 된 것이다.

면에는 '□□□년오월/자경북성주군월항면이봉(□□□年五月/自慶北星州郡月恒面移封)'이 새겨져 있다. 세조의 태실은 경상북도 성주군 월항면 인촌리 산8번지로, 성주 세종대왕자 태실 가운데 하나다. 주목해서 볼 점은 보통 왕의 태실은 가봉加封을 거치기에 이 경우 집장된 성주 세종대왕자 태실의 특성상 세조의 태실을 다른 곳으로 옮겨 가봉 태실을 조성하는 것이 일반적이다. 그렇기에 예조에서도 이 같은 주청을 올렸지만, 세조는 이를 거부했다. 대신 기존의 표석을 없애고, 대신 가봉비를 세워 다른 왕자의 태실과 구분하도록 했다.

세조의 아기비와 장태 석물

가봉비

　그 결과 다른 왕자의 태실들과 달리 세조의 태실은 아기씨 태실 앞쪽에 가
봉비가 세워진 형태다. 이러한 세조의 아기비의 전면 우측에는 '진양대군왕유
태장晉陽大君王琇胎藏', 좌측에는 '황명정통삼년무오삼월십일갑오립석皇明正統三
年戊午三月十日甲午立石'이 새겨져 있다. 정통 3년을 환산해보면 1438년(세종 20)에
태실을 조성되었음을 알 수 있다. 한편 『태봉』을 보면 예식과 전사보 한상희 일
행은 1928년 8월 15일 성암동 대봉동(태종 태실)을 출발해 오후에 월항면 인촌
동에 도착했다. 다음 날인 16일 사후토제를 지낸 뒤 17일에 태실을 봉출했다.
이후 18일에 왜관에서 철도편으로 태종과 세조의 태실을 봉송했다. 한편 당시
세조 태실의 석물은 면장 도문희에게 무상으로 양여한 뒤 별지의 양수증을 받
았다. 이처럼 태실을 이봉하는 과정에서 태지석과 함께 분청사기 형태의 태항
아리가 출토되었다.

(7) 예종 태실

서삼릉 예종 태실비의 전면과 후면

　　예종은 세조와 정희왕후 윤씨의 둘째 아들로, 이름은 황晄 군호는 해양대
군海陽大君이다. 서삼릉에 있는 태실비의 전면에는 '예종대왕태실睿宗大王胎室',
후면에는 'ㅁㅁㅁ년오월/자전북전주군구이면이봉(ㅁㅁㅁ年五月/自全北全州郡九耳
面移封)'이 새겨져 있다. 예종의 태실은 완주군 구이면 원덕리 산158번지로, 현
재 예종의 태실 석물은 전주 경기전으로 옮겨졌다. 예종의 태실은 여러 번의
개수를 거쳤는데, 가봉비의 후면 명문을 통해 1734년(영조 10)과 1783년(정조 7)
에 개수가 있었음을 알 수 있다.

전주 경기전으로 옮겨진 예종의 태실 석물

장태 석물

가봉비

　예종의 태실 석물은 크게 가봉비와 장태 석물로 나눌 수 있는데, 이 가운데 가봉비의 전면에는 '예종대왕태실睿宗大王胎室', 후면에는 '만력육년십월초이일건/후일백오십육년갑인팔월이십육일개석萬曆六年十月初二日建/後一百五十六年甲寅八月二十六日改石'이 새겨져 있다. 만력 6년을 환산해보면 1578년(선조 11)에 가봉비를 교체해 세웠음을 알 수 있다. 이와 함께 후일백오십육년後一百五十六年은 숭정기원후 156년을 의미하는데, 환산해보면 1783년(정조 7)이다. 즉 후면의 명문을 통해 예종의 태실비가 1578년에 새로 고쳐 세운 이후 1783년에 개수된 것임을 알 수 있다. 한편 일제강점기 때 태실이 이봉되는 과정에서 태지석과 내항아리는 백자, 외항아리는 분청사기인 태항아리가 출토되었다.

(8) 성종 태실

서삼릉 성종 태실비의 전면과 후면

창경궁으로 옮겨진 성종 태실의 석물

성종은 덕종과 소혜왕후 한씨 소생의 둘째 아들로, 이름은 혈娎 군호는 자을산군者乙山君이다. 서삼릉에 있는 태실비의 전면에는 '성종대왕태실成宗大王胎室', 후면에는 '□□□년오월/자경기도광주군경안면이봉□□□年五月/自京畿道廣州郡慶安面移封'이 새겨져 있다. 현재 성종 태실의 석물은 창경궁 내에 있는데, 옮겨지기 전 태실지는 경기도 광주시 태전동 265-1번지다. 이 밖에 성종의 태실과 관련한 자세한 내용은 앞에서 소개한 성종의 태실 부분을 참고하면 된다.

(9) 중종 태실

서삼릉 중종 태실비의 전면과 후면

가평 중종대왕 태봉

　　중종은 성종과 정현왕후 윤씨 소생으로, 이름은 역懌 군호는 진성대군晉城大君이다. 서삼릉에 있는 태실비의 전면에는 '중종대왕태실中宗大王胎室', 후면에는 '□□□년오월/자경기도가평군군내면이봉(□□□年五月/自京畿道加平郡郡內面移封)'이 새겨져 있다. 중종의 태실은 애초 가평이 아닌 다른 곳에 있었으나, 왕으로 즉위한 이후 경기도 가평군 가평읍 상색리 산112번지로 옮겨 태실을 가봉했다. 중종 태실과 관련한 자세한 내용은 앞에서 소개한 중종의 태실 부분을 참고하면 된다.

(10) 인종 태실

서삼릉 인종 태실비의 전면과 후면

신일지에서 바라본 태실봉

태실봉의 정상에 있는 인종 태실

장태 석물과 가봉비

인종은 중종과 장경왕후 윤씨의 소생으로, 이름은 호岵다. 역대 조선의 왕 가운데 가장 재위 기간(8개월)이 짧은 왕으로,『정조실록』에 기록된 열성조의 태봉 위치를 보면 인종의 태실은 영천永川 공산公山에 있다고 했는데, 지금의 팔공산이다. 또한『중종실록』을 통해 인종의 태실이 영천에 조성된 것을 알 수 있다. 서삼릉에 있는 태실비의 전면에는 '인종대왕태실中宗大王胎室', 후면에는 '□□□년오월/자경북영천군청통면이봉(□□□年五月/自慶北永川郡淸通面移封)'이 새겨져 있다. 현재 인종의 태실은 경상북도 영천시 청통면 치일리 산24번지에 있는데, 태실 수호 사찰인 은해사銀海寺를 지나 신일저수지 뒤쪽에 있는 태실봉의 정상에 있다. 과거에는 태실 석물이 파괴된 채 방치되어 있었으나 지난 2007년 복원을 거쳐 현재의 모습으로 복원이 되었다. 태실지에는 가봉비와 장태 석물 등의 태실 석물이 남아 있는데, 가봉비의 전면에는 '인종대왕태실仁宗大王胎室', 후면에는 '가정이십오년오월일건嘉靖二十五年五月日建'이 새겨져 있다. 이를 통해 가정 25년인 1546년(명종 1) 5월에 태실의 가봉이 이루어졌음을 알 수 있다. 한편 인종 태실의 가봉 및 개수와 관련한 기록은『명종실록』과『태봉등록』에 상세하게 남아있는 편이다. 이와 함께『태봉』을 보면 예식과 전사보 한상희 일행이 1928년 8월 19일 왜관을 출발했고, 오후에 목적지인 은해사에 도착했다. 다음 날인 20일~21일에 걸쳐 사후토제를 시작으로 태실의 봉출이 이루어졌고, 21일 오후에 봉출된 태실은 은해사 별실에 임시 봉안되었다. 이후 인종의 태실은 22일 오전에 하양역에 도착 후 철도편으로 옮겨졌다. 이 과정에서 태지석과 함께 백자 형태의 태항아리가 출토되었다.

(11) 명종 태실

서삼릉 명종 태실비의 전면과 후면

서산 명종 태실의 원경

장태석물

중앙태석

명종은 성종과 문정왕후 윤씨의 소생으로, 이름은 환峘 군호는 경원대군慶原大君이다. 서삼릉에 있는 태실비의 전면에는 '명종대왕태실明宗大王胎室', 후면에는 '□□□년오월/자충남서산군운산면이봉(□□□年五月/自忠南瑞山郡雲山面移封)'이 새겨져 있다. 명종의 태실은 충청남도 서산시 운산면 태봉리 산6-2번지로, 명종의 태실은 장태 석물과 아기비, 가봉비와 개건비 등이 온전하게 남아 있다. 아기비의 전면에는 '대군춘령아기씨태실大君椿齡阿只氏胎室', 후면에는 '가정십칠년이월이십일일묘시립嘉靖十七年二月二十一日卯時立'이 새겨져 있다. 이를 통해 명종의 아명이 춘령椿齡이라는 사실과 가정 17년인 1538년(중종 33) 2월 20일에 아기씨 태실을 조성한 것을 알 수 있다.

| 아기비 | 명종 태실의 가봉비 | 개건비 |

반면 가봉비의 경우 두 개가 있는데, 하나는 훗날 새롭게 고쳐 쓴 것이다. 이에 따라 최초의 것은 가봉비, 다시 고쳐 쓴 경우 개건비로 칭하고 있다. 가봉

비의 전면에는 '주상전하태실主上殿下胎室', 후면에는 '가정이십오년십월일건嘉靖
二十五年十月日建'이 새겨져 있다. 반면 개건비의 경우 전면에 '주상전하태실主上
殿下胎室', 후면에는 '가정이십오년십월일건/후일백육십오년신묘십월일개석嘉靖
二十五年十月日建/後一百六十五年辛卯十月日改石'이 새겨져 있다. 내용은 크게 다르지
않지만, 개건비에 숭정기원후 165년(1792, 정조 16) 10월에 고쳐 세웠다는 내용
을 추가로 새겨두었다. 한편 명종의 태실은 일제강점기 때 서삼릉으로 이봉이
되었는데, 당시 태지석과 백자 형태의 태항아리가 출토되었다.

(12) 선조 태실

서삼릉 선조 태실비의 전면과 후면

선조는 덕흥대원군과 하동부대부인 정씨 소생의 셋째 아들로, 이름은 연
昖[74] 군호는 하성군河城君이다. 서삼릉에 있는 태실비의 전면에는 '선조대왕태실
宣祖大王胎室', 후면에는 '□□□년오월/자충남부여군충화면이봉(□□□年五月/自忠
南扶餘郡忠化面移封)'이 새겨져 있다. 선조의 태실은 충청남도 부여군 충화면 오덕
리 산1-17번지로, 선조는 애초 왕자로 태어난 것이 아니기 때문에 최초에 태胎
는 잠저의 정원 북쪽 소나무에 묻었다. 그러다 선조가 왕위에 오르면서 잠저에
서 태를 찾아내어 춘천에 태실을 조성하고자 했다. 그런데 태실 공사를 하던 장
소에 누군가 태를 쓴 것으로 확인되어 임천군林川郡(현 부여군)에 태실을 조성되
었다.

춘천 현암리 태봉 귀부

---

74) 하성군河城君의 이름은 최초 균鈞이었으나 이후 연昖으로 바꾸었다.

부여 선조 태실의 원경

선조 태실지, 분묘가 들어서 훼손된 상태다.

태실지에 남아 있는 태실 석물, 귀롱대석의 파편과 사방석으로 추정된다.

　　선조의 태실은 일제강점기 때 현 서삼릉으로 이봉되었는데, 이 과정에서
태지석과 태항아리가 출토되었다. 이후 선조의 태실지는 민간에 팔리면서 현재
분묘가 들어섰으며, 현재 태실 관련 석물은 대부분 유실되었다. 그나마 태실지
에는 파괴된 귀롱대석의 일부와 사방석으로 추정되는 석물이 남아 있고, 가봉
비와 개건비는 마을과 오덕사 경내로 옮겨져 있다.

가봉비　　　　　　　　　오덕사 경내에 있는 개건비　　　　　　　　개건비의 후면

가봉비의 경우 전면에 '주상전하태실主上殿下胎室', 후면에는 '융경사년십월이십일립隆慶四年十月二十一日立'이 새겨져 있다. 융경 4년을 환산해보면 1570년(선조 3)으로, 이때 최초의 가봉비가 세워졌음을 알 수 있다. 반면 부여 오덕사에 있는 개건비의 전면에는 '선조대왕태실宣祖大王胎室', 후면에는 '숭정기원후일백이십년정묘오월초삼일립崇禎紀元後一百二十年丁卯五月初三日立'이 새겨져 있다. 숭정기원후 120년을 환산해보면 1747년(영조 23)으로, 이때 가봉비를 대신할 개건비가 세웠음을 알 수 있다. 또한 주목해볼 점은 '융경사년경오십월이십일소립비자세구각결고개석隆慶四年庚午十月二十日所立碑字世久刻缺故改石'이 새겨져 있다는 점이다. 이를 통해 처음 세운 가봉비가 오래되고, 비면의 글자가 훼손되어 새로 개건비를 세운 것임을 알 수 있다.

(13) 숙종 태실

서삼릉 숙종 태실비의 전면과 후면

숙종은 현종과 명성왕후 김씨의 소생으로, 이름은 순焞이다. 서삼릉에 있는 태실비의 전면에는 '숙종대왕태실肅宗大王胎室', 후면에는 '□□□년오월/자충남공주군목동면이봉□□□年五月/自忠南公州郡木洞面移封'이 새겨져 있다. 숙종의 태실은 충청남도 공주시 태봉동 산64-9번지로, 현재 숙종의 태실지에는 아기비와 가봉비, 추정 사방석 등의 석물이 남아 있다. 또한 태봉산에는 숙종 태실과 관련이 있는 전석과 상석, 동자석주 등의 장태 석물이 흩어진 채 방치되고 있다.

숙종 태실의 원경

아기비와 가봉비

태봉산 곳곳에 방치된 장태 석물

한편 아기비의 전면에는 '순치십팔년팔월십오일묘시생원자아기씨태실^順治十八年八月十五日卯時生元子阿只氏胎室', 후면에는 '순치십팔년십이월이십오일진시립順治十八年十二月二十五日辰時立'이 새겨져 있다. 이를 통해 순치 18년인 1661년(현종 2) 8월 15일에 출생한 사실과 그해 12월 25일에 태실을 조성했음을 알 수 있다. 이와 함께 가봉비의 전면에는 '주상전하태실主上殿下胎室'이, 후면에 '강희이십이년십월십오일건康熙二十二年十月十五日建'이 새겨져 있다. 강희 22년인 1683년(숙종 9) 10월 15일에 태실의 가봉이 이루진 것을 알 수 있어 『태봉등록』의 기록과 일치한다. 한편 숙종의 태실이 이봉되는 과정에서 태지석과 백자 형태의 태항아리가 출토되었다.

(14) 경종 태실

서삼릉 경종 태실, 오석비군
가운데 유일하게 비신이 없다

충주 경종 태실의 원경

충주 경종 태실

장태석물

아기비와 가봉비

경종은 숙종과 희빈 장씨의 소생으로, 이름은 윤昀이다. 경종의 태실은 서삼릉 태실 가운데 유일하게 비신이 없으며, 태실비의 비대만이 남아 있다. 경종의 태실은 충청북도 충주시 엄정면 괴동리 산34번지로, 태실지에는 경종의 아기비와 가봉비, 장태 석물 등이 잘 남아 있다. 아기비의 경우 전면에는 '강희이십칠년십월이십팔일유시생원자아기씨태실康熙二十七年十月二十八日酉時生元子阿只氏胎室', 후면에는 '강희이십팔년이월이십이일립康熙二十八年二月二十二日立'이 새겨져 있다. 이를 통해 강희 27년인 1688년(숙종 14) 10월 28일에 출생한 사실과 1689년(숙종 15) 2월 22일에 태실을 조성한 것을 알 수 있다. 이와 함께 가봉비의 전면에는 '경종대왕태실景宗大王胎室', 후면에는 '옹정사년칠월초팔일건雍正四年九月初八日建'이 새겨져 있다. 옹정 4년인 1726년(영조 2) 7월 초8일에 태실의 가봉이 이루어졌음을 알 수 있다.

(15) 영조 태실

서삼릉 영조 태실비의
전면과 후면

영조는 숙종과 숙빈 최씨의 소생으로, 이름은 금昑, 군호는 연잉군延礽君이다. 서삼릉에 있는 태실비의 전면에는 '영조대왕태실英祖大王胎室', 후면에는 '□□□년오월/자충북청주군낭성면이봉(□□□年五月/自忠北淸州郡琅城面移封)'이 새겨져 있다. 영조의 태실은 충청북도 청주시 상당구 낭성면 무성리 산5번지로, 현재 영조 태실의 석물은 태실지에서 230m 가량 떨어진 곳에 복원되어 있는데, 영조의 태실 석물은 크게 아기비와 가봉비, 장태 석물 등이 있다.

청주 영조 태실

장태 석물

아기비와 가봉비

이 가운데 아기비의 전면에는 '강희삼십삼년구월십삼일인시생왕자아기씨
태실康熙三十三年九月十三日寅時生王子阿只氏胎室', 후면에는 '강희삼십사년정월이십
팔일립康熙三十四年正月二十八日立'이 새겨져 있다. 이를 통해 강희 33년인 1694년
(숙종 20) 9월 13일에 출생한 사실과 1698년(숙종 21) 정월 28일에 태실을 조성
했음을 알 수 있다. 이와 함께 가봉비의 전면에는 '주상전하태실主上殿下胎室', 후
면에는 '옹정칠년십월십사일건雍正七年十月十四日建'이 새겨져 있어, 옹정 7년인
1729년(영조 5) 10월 14일에 태실의 가봉이 있었음을 알 수 있다. 이와 함께 영
조 태실의 가봉 과정을 기록한 『영조대왕태실석난간조배의궤英祖大王胎室石欄干
造排儀軌』의 필사본이 청주 고인쇄박물관에 남아 있다.

(16) 장조 태실

서삼릉 장조 태실비의 전면과 후면

장조는 영조와 영빈 이씨의 소생으로, 이름은 선愃이다. 보통 사도세자思悼世子
라는 이름으로 더 많이 불린다. 서삼릉에 있는 태실비의 전면에는 '장조의황제
태실莊祖懿皇帝胎室', 후면에는 '□□□년오월/자경북영주군상리면이봉(□□□年
五月/自慶北榮州郡上里面移封)'이 새겨져 있다. 장조의 태실은 경상북도 예천군 효
자면 명봉리 산2번지로, 문종의 태실에서 약 400m 가량 떨어진 태봉의 정상에
있다. 특히 장조 태실의 경우 한국학중앙연구원 장서각에 소장 중인『장조태봉
도』에 태실 주변의 지형과 배치 등이 잘 묘사되어 있다. 현재 복원된 장조의 태
실은 크게 가봉비와 장태 석물로 구분할 수 있는데, 이 가운데 가봉비의 전면에
는 '경모궁태실景慕宮胎室', 후면에는 '건륭오십년을사삼월초팔일건乾隆五十年乙巳
三月初八日建'이 새겨져 있다.

복원된 장조 태실

장조 태실의 가봉비

예천 명봉리 경모궁 태실 감역 각석문

경모궁景慕宮은 사도세자의 사당으로, 사도세자를 지칭하는 용어로 사용된다. 따라서 경모궁 태실은 곧 사도세자의 태실이라는 의미가 되는 것이다. 『일성록』에는 가봉비에 경모궁 태실이 새겨진 배경을 짐작할 수 있는 부분이 있는데, 당시 영의정 서명선이 가봉비의 경우 비석의 전면에 '주상전하태실' 혹은 '□□대왕태실'이라 새기는 것이 전례인데, 사도세자의 경우는 어떻게 새겨야 하냐는 주청에 직접 경모궁 태실을 새길 것을 하교했다.[70] 또한 건륭 50년을 환산해보면 1785년(정조 9)으로, 이해 3월 초8일에 태실 가봉이 이루어졌음을 알 수 있다. 이를 잘 보여주는 문화재 중 하나가 바로 명봉사로 올라오는 길에 있는 예천 명봉리 경모궁 태실 감역 각석문이다.

(17) 정조 태실

서삼릉 정조 태실비의 전면과 후면

정조는 장조와 헌경의황후 홍씨 소생의 둘째 아들로, 이름은 산祘이다. 서삼릉에 있는 태실비의 전면에는 '정조선황제태실正祖宣皇帝胎室', 후면에는 '□□□년오월/자강원도영월군하동면이봉(□□□年五月/自江原道寧越郡下東面移封)'이 새겨져 있다. 정조의 태실은 강원도 영월군 영월읍 정양리 산133번지로, 원 태실지는 석회광산이 들어서며 훼손된 상태다. 『영조실록』과 『정종대왕태실가봉의궤』 등을 통해 정조 태실의 조성과 관련한 기록을 확인할 수 있으며, 현재 계족산으로 옮겨진 정조의 태실 석물은 아기비와 가봉비, 장태 석물 등으로 구분된다.

영월 정조 태실

장태 석물

아기비와 가봉비

 이 가운데 아기비의 전면에는 '건륭십칠년구월이십이일축시생원자아기 씨태실乾隆十七年九月二十二日丑 時生元孫阿只氏胎室', 후면에는 '건륭십팔년정월이십 일일립乾隆十八年正月 二十一日立'이 새겨져 있다.[72] 이를 통해 건륭 17년인 1752년 (영조 28) 9월 22일에 출생한 사실과 1753년(영조 29) 정월 20일에 아기씨 태실을 조성했음을 알 수 있다. 이와 함께 가봉비 전면에는 '정종대왕태실正宗大王胎室', 후면에는 '가경육년십월이십칠일건嘉慶六年十月二十七日建'이 새겨져 있다. 가경 6 년인 1801년(순조 1) 10월 27일에 정조의 태실이 가봉되었음을 알 수 있으며, 최 초 정조의 묘호가 정종(正宗)으로 불린 사실을 알 수 있다.

(18) 순조 태실

서삼릉 순조 태실비의 전면과 후면

보은 순조 태실

장태 석물

가봉비

순조는 정조와 수빈 박씨의 소생으로, 이름은 공玒이다. 서삼릉에 있는 태
실비의 전면에는 '순조숙황제태실純祖肅皇帝胎室', 후면에는 '□□□년오월/자충
북보은군속리면이봉(□□□年五月/自忠北報恩郡俗離面移封)'이 새겨져 있다. 순조의
태실은 충청북도 보은군 속리산면 사내리 산1-1번지로, 순조의 태실은 『정조
실록』과 『순조태실석난간조배의궤』 등에 조성 관련 기록이 상세히 남아 있는
편이다. 이와 함께 한국학중앙연구원 장서각에는 『순조태봉도』가 남아 있어,
태봉의 지형과 가봉 태실의 형태 등을 알 수 있다. 현재 순조의 태실은 가봉비
와 장태 석물이 잘 남아 있다. 이 가운데 가봉비의 전면에는 '주상전하태실主上
殿下胎室', 후면에는 '가경십일년십월십이일건嘉慶十一年十月十二日建'이 새겨져 있
다. 이를 통해 가경 11년인 1806년(순조 6) 10월 12일에 태실의 가봉이 있었음
을 알 수 있다.

(19) 헌종 태실

서삼릉 헌종 태실비의 전면과 후면

예산 현종 태실

귀롱대석

전석과 중앙태석

옥계저수지에서 발견된 가봉비의 비신 하단 ⓒ 예산군청

헌종은 문조와 신정익황후 조씨의 소생으로, 이름은 환奐이다. 서삼릉에 있는 태실비의 전면에는 '헌종성황제태실憲宗成皇帝胎室', 후면에는 '□□□년오월/자충남예산군덕산면이봉(□□□年五月/自忠南禮山郡德山面移封)'이 새겨져 있다. 헌종의 태실은 충청남도 예산군 덕산면 옥계리 산6-2번지로, 한국학중앙연구원 장서각에 소장 중인『헌종태봉도』가 남아 있어 태봉의 지형과 가봉 태실의 형태 등을 알 수 있다. 현재 헌종 태실의 석물 중 귀롱대석과 전석, 중앙태석 등의 일부 석물이 복원되어 있으며, 지난 2015년 옥계저수지의 탐사를 통해 사라진 헌종 태실비의 하단 부분과 사방석이 발견되기도 했다. 발견된 헌종 태실비의 하단 부분은 전면에 '하태실下胎室', 후면에 '월이십일일건月二十一日建'이 새겨져 있다.

(20) 순종 태실

서삼릉 순종 태실비의 전면과 후면

홍성 순종 태실지의 전경, 빨간 지붕이 있는 곳으로, 현재 태봉산은 사라진 상태다.

순종 태실의 유일한 흔적인 화소 표석

순종은 고종과 명성황후 민씨의 소생으로, 이름은 척坧이다. 조선의 마지막 왕이자 대한제국의 마지막 황제이다. 서삼릉에 있는 태실비의 전면에는 '순종효황제태실純宗孝皇帝胎室', 후면에는 '□□□년오월/자충남홍성군구항면이봉(□□□年五月/自忠南洪城郡龜項面移封)'이 새겨져 있다. 순종의 태실은 충청남도 홍성군 구항면 태봉리 366-38번지로, 현재 태실이 있던 태봉산은 흔적도 없이 사라진 상태다. 그나마 순종 태실과 관련이 있는 유물은 화소 표석이 유일하며, 『조선의 태실1(1999)』을 보면 태함의 개석으로 추정되는 석물이 구항초등학교에 있었음을 알 수 있다. 이후 해당 석물은 학교 건물의 신축 과정에서 땅에 묻었다고 전한다. 한편 한국학중앙연구원 장서각에 소장 중인『순종태실도』를 통해 태봉의 지형과 태실의 형태를 확인할 수 있다.『순종태실도』속 태봉의 모습과 시기 등을 고려했을 때 순종의 태실은 가봉되지 못한 것으로 보인다.

(21) 영친왕 태실

서삼릉 영친왕 태실비의 전면과 후면

창덕궁 후원에서 확인된 영친왕 태실 추정지

　　영친왕은 고종과 순헌황귀비 엄씨의 소생으로, 이름은 은垠, 왕호는 영친
왕英親王이다. 영친왕은 대한제국의 마지막 황태자로, 왕비는 나시모토노미야
모리마사 친왕의 딸인 나시모토노미야 마사코(이방자)다. 서삼릉에 있는 태실비
의 전면에는 '이왕전하태실李王殿下胎室', 후면에는 'ㅁㅁㅁ년오월/자창덕궁비원
이봉(ㅁㅁㅁ年五月/自昌德宮秘苑移封)'이 새겨져 있다. 태실비에 새겨진 이왕李王은
일제강점기 당시 대한제국 황실의 수장을 칭하는 말로, 경술국치庚戌國恥 이후
대한제국 황실은 이왕가로 격하되었다. 영친왕이 이왕으로 불린 건 순종이 세
상을 떠난 이후로, 명목상의 지위에 불과했던 이왕에 오른 영친왕은 이때부터
이왕전하로 불렸다. 한편 영친왕의 태실은 창덕궁 비원秘苑(후원)에 조성되었는
데, 1929년에 제작된 『창덕궁 태봉도면』 속 정유태봉丁酉胎封이 바로 영친왕의
태실이다. 현재 창덕궁 후원에 있는 영친왕의 태실지는 추정되는 장소에 파헤
쳐진 구덩이만 남아 있을 뿐 태실과 관련한 유물은 남아 있지 않다.

(22) 왕세자 이구 태실

서삼릉 왕세자 태실비의 전면과 후면

　　이구는 영친왕과 이방자 여사의 둘째 아들로, 순종이 세상을 떠난 이후 영친왕이 이왕의 지위를 계승하면서, 이구는 이왕세자가 되었다. 서삼릉에 있는 이구의 태실은 태실비 전면에 '왕세자태실王世子胎室', 후면에는 '□□□년일월이십오일립(□□□年一月二十五日立)'이 새겨져 있다. 한편 이구는 동경에서 태어났는데, 태실은 서삼릉에 조성이 되었다. 서삼릉에서 확인된 왕세자 이구의 태실에서는 태항아리와 태지석이 출토되었다. 태지석에는 '소화육년십이월이십구일오전팔시이십이분어동경구탄생/왕세자구태/소화칠년일월이십오일장昭和六年十二月二十九日午前八時二十二分扵東京邱誕生/王世子玖胎/昭和七年一月二十五日藏'가 새겨져 있어, 이구가 1931년(소화 6) 12월 29일에 동경에서 출생했고, 1932년(소화 7) 1월 25일에 태실을 조성했음을 알 수 있다.

2) 왕자·왕녀의 태실, 화강석비군

서삼릉 태실 중 왕자·왕녀의 태실은 화강석으로 제작되었다. 총 32기의 태실이 자리하고 있으며, 이 가운데 왕비의 태실인 폐비 윤씨 태실도 포함되어 있다. 전국에 흩어져 있던 해당 태실들은 1928년부터 이왕직의 주도로 봉상소로 옮겨져 임시로 보관했다. 그러다 1930년에 현 서삼릉으로 태실을 이봉했는데, 이때 옮겨진 태실은 순번 1~28번이다. 29~32번은 1930년 이후에 조성된 태실로, 가령 이진의 태실은 동경의 자택에 태실을 조성했다가 1934년 태실을 이봉한 경우다. 현재 왕자·왕녀의 태실은 다음 표와 같이 남아 있다.

서삼릉 태실 중 화강석비군

〈표-12〉 서삼릉 태실(왕자 · 왕녀) 전 · 후면 명문

순번	태실	부/모	전면	후면	태실지
1	인성대군 태실	예종/ 장순왕후 한씨	仁城大君胎室	□□□年五月/ 自慶南泗川郡昆明面移藏	경남 사천시
2	폐비윤씨	–	燕山君母尹氏胎室	□□□年五月/ 自慶北醴泉郡龍門面移藏	경북 예천군
3	안양군 태실	성종/ 귀인 정씨	安陽君胎室	ㅈ□□年五月/ 自慶北尙州郡牟東面移藏	경북 상주시
4	완원군 태실	성종/ 숙의 홍씨	完原君胎室	□□□年五月/ 自慶北尙州郡牟東面移藏	경북 상주시
5	수장 태실	성종/ 귀인 정씨	王子壽長胎室	□□□年五月/ 自京畿道楊州郡榛接面移藏	경기 남양주
6	견성군 태실	성종/ 숙의 홍씨	堅城君胎室	□□□年五月/ 自江原道襄陽郡降峴面移藏	강원 양양군
7	금돌이 태실	연산군/ 폐비 신씨	燕山君 元子金乭伊胎室	□□□年五月/ 自慶北尙州郡化西面移藏	경북 상주시
8	인수 태실	연산군/ 폐비 신씨	燕山君子仁壽胎室	□□□年五月/ 自慶北聞慶郡加恩面移藏	경북 문경시
9	영수 태실	연산군/ 숙용 장씨	王女靈壽胎室	□□□年五月/ 自京畿道楊州郡榛接面移藏	경기 남양주
10	복억 태실	연산군/ ?	燕山君女福億胎室	□□□年五月/ 月自江原道三陟郡三陟面移藏	강원 삼척시
11	복합 태실	연산군/ ?	燕山君女福合胎室	□□□年五月/ 自黃海道黃州郡仁橋面移藏	황해 황주군
12	덕흥대원군 태실	중종/ 창빈 안씨	德興大院君胎室	□□□年五月/ 自全北錦山郡秋富面移藏	충남 금산군
13	인성군 태실	선조/ 정빈 민씨	仁城君胎室	□□□年五月/ 自忠北淸州郡龍興面移藏	충북 청주시
14	인흥군 태실	선조/ 정빈 민씨	仁興君胎室	□□□年五月/ 自慶北尙州郡咸昌面移藏	경북 상주시
15	숙명공주 태실	효종/ 인선왕후 장씨	淑明公主胎室	□□□年五月/ 自慶北金泉郡知禮面移藏	경북 김천시
16	숙정공주 태실	효종/ 인선왕후 장씨	淑靜公主胎室	□□□年五月/ 自江原道原州郡興業面移藏	강원 원주시

순번	태실	부/모	전면	후면	태실지
17	숙경공주 태실	효종/ 인선왕후 장씨	淑敬公主胎室	□□□年五月/ 自慶北金泉郡知禮面移藏	경북 김천시
18	명선공주 태실	현종/ 명성왕후 김씨	明善公主胎室	□□□年五月/ 自忠南保寧郡嵋山面移藏	충남 보령시
19	연령군 태실	영조/ 명빈 박씨	延齡君胎室	□□□年五月/ 自忠南禮山郡大迷面移藏	충남 예산군
20	화유옹주 태실	영조/ 귀인 조씨	英祖王女胎室	□□□年五月/ 自忠南唐津郡順城面移藏藏	충남 당진시
21	화령옹주 태실	영조/ 숙의 문씨	英祖王女胎室	□□□年五月/ 自忠南禮山郡光時面移藏	충남 예산군
22	화길옹주 태실	영조/ 숙의 문씨	英祖王女胎室	□□□年五月/ 自忠北丹陽郡大崗面移藏	강원 단양군
23	의소세손 태실	장조/ 헌경의황후	懿昭世孫胎室	□□□年五月/ 自慶北榮州郡榮州面移藏	경북 영주시
24	문효세자 태실	정조/ 의빈 성씨	文孝世子胎室	□□□年五月/ 自慶北醴泉郡龍門面移藏	경북 예천군
25	원자 융준 태실	철종/ 철인왕후 김씨	哲宗王子胎室	□□□年五月/ 自江原道寧越郡兩邊面移藏	강원 영월군
26	덕혜옹주 태실	고종/ 귀인 양씨	德惠翁主胎室	□□□年五月/ 自昌德宮秘苑移藏	서울 창덕궁
27	고종 제8왕자 태실	고종/ 귀인 이씨	高宗第八男胎室	□□□年五月/ 自昌德宮秘苑移藏	서울 창덕궁
28	고종 제9왕자 태실	고종/ 귀인 정씨	高宗第九男胎室	□□□年五月/ 自昌德宮秘苑移藏	서울 창덕궁
29	원손 이진 태실	영친왕/ 이방자	晉殿下胎室	□□□六月八日/自東京移藏	동경
30	영산군 태실	성종/ 숙용 심씨	寧山君胎室	□□□年六月二十六日/ 自漣川郡積城面移藏	경기 연천군
31	의혜공주 태실	중종/ 문정왕후 윤씨	懿惠公主胎室	□□□年六月二十六日/ 自扶餘郡窺巖面移藏	충남 부여군
32	경평군 태실	선조/ 온빈 한씨	慶平君胎室	□□□年十月二十六日立/ 自忠清南道大田郡杞城面移藏	대전

(1) 인성대군 태실

서삼릉 인성대군 태실비의 전면과 후면

인성대군은 예종과 장순왕후 한씨 소생의 첫째 아들로, 이름은 분糞 군호는 인성대군仁城大君이다. 서삼릉에 있는 태실비의 전면에는 '인성대군태실仁城大君胎室', 후면에는 '□□□년오월/자경남사천군곤명면이장(□□□年五月/自慶南泗川郡昆明面移藏)'이 새겨져 있다. 인성대군의 태실지는 경상남도 사천시 곤명면 은사리 438번지로, 사천에서는 사천 단종 태실로 소개하는 곳이다. 하지만 이는 잘못된 것으로, 단종의 태실은 경상북도 성주군 가천면 법전리 산10번지에 있다.[75]

---

75) 성주 법림산의 단종 태실지에서 추가로 연엽주석과 동자석주, 우전석 등이 확인되었다. 또한 단종의 원손 때 세운 태실은 현재 성주 세종대왕자 태실에 있다.

사천 인성대군 태실지, 지금은 사천의 친일파였던 최연국의 묘가 자리하고 있다.

인성대군의 태실에 세워진 단종의 가봉태실 석물, 중앙태석과 귀롱대석, 이수

파괴된 비신의 하단

　『문종실록』과『세조실록』등의 기록을 통해 성주에 단종이 태실이 있었던 것은 명백한 사실인데다 결정적으로 일제강점기 때 해당 태실을 이봉하는 과정에 분청사기와 백자 형태의 태항아리 및 인성대군의 태지석이 출토되었다. 따라서 해당 태실은 인성대군의 태실인 것은 확실하다. 이 같은 현상은 숙종 때 단종의 복권이 이루어졌고 이후 영조 시기에 단종 태실의 개수를 진행하는 과정에서 실전된 단종 태실의 위치를 인성대군의 태실로 오인하면서 발생한 것으로 보인다.

(2) 폐비 윤씨 태실

서삼릉 폐비 윤씨 태실비의 전면과 후면

예천 폐비 윤씨 태실

가봉비와 일부 노출된 태함의 개석

　폐비 윤씨는 연산군의 생모이자 성종의 계비로, 서삼릉에 있는 태실비의 전면에는 '연산군모윤씨태실燕山君母尹氏胎室', 후면에는 'ㅁㅁㅁ년오월/자경북 예천군용문면이장(ㅁㅁㅁ年五月/自慶北醴泉郡龍門面移藏)'이 새겨져 있다. 폐비 윤씨의 태실은 예천 용문사 인근에 있는데, 태실지는 경상북도 예천군 용문면 내지리 산83번지에 있다. 태실지에는 가봉비와 함께 태함의 개석이 노출이 되어 있다. 지난 2019년 발굴조사를 통해 태함의 형태와 함께 태실에 암장한 시신이 확인되기도 했다. 한편 가봉비의 전면에는 '왕비태실王妃胎室', 후면에는 인위적인 훼손으로 일부 명문의 판독이 쉽지 않지만, '성화십사년이월십오일成化十四年二月十五日'이 새겨진 것으로 보인다. 다만 태지석의 경우 같은 해 11월 12일에 태실을 조성한 것으로 파악되고 있어, 가봉비의 명문과는 차이가 있다. 한편 폐비 윤씨의 태실은 일제강점기 때 서삼릉으로 이봉되는데, 이 과정에서 태지석과 백자 형태의 태항아리가 출토되었다.

(3) 안양군 태실

서삼릉 안양군 태실비의 전면과 후면

안양군 태실의 원경

태실지와 노출된 태함

안양군은 성종과 귀인 정씨의 소생으로, 이름은 항㤚 군호는 안양군安陽君이다. 서삼릉에 있는 태실비의 전면에는 '안양군태실安陽君胎室', 후면에는 '□□□년오월/자경북상주군모동면이장□□□年五月/自慶北尙州郡车東面移藏'이 새겨져있다. 안양군의 태실은 완원군 태실과 함께 경상북도 상주시 모동면 상판리 산51번지에 조성되었다. 현재 태실지는 분묘가 들어섰고, 분묘 인근에 태함의 함신과 개석 등 3매가 노출되어 있다. 한편 안양군 태실은 일제강점기 때 서삼릉으로 이봉되었는데, 이 과정에서 태지석과 백자 형태의 태항아리가 출토되었다. 태지석을 통해 안양군의 아명이 수담壽聃인 것이 확인되었다.

(4) 완원군 태실

서삼릉 완원군 태실비의 전면과 후면

태항, 완원군의 태실은 안양군의 태실과 같은 장소에 조성되었다.

완원군은 성종과 숙의 홍씨의 소생으로, 이름은 수(襚) 군호는 완원군(完原君)이다. 서삼릉에 있는 태실비의 전면에는 '완원군태실(完原君胎室)', 후면에는 '□□□년오월/자경북상주군모동면이장(□□□年五月/自慶北尙州郡车東面移藏)'이 새겨져 있다. 완원군의 태실은 안양군의 태실과 함께 경상북도 상주시 모동면 상판리 산51번지에 조성되었다. 태실지는 이미 분묘가 들어선 상태로, 태실 관련 흔적은 태함의 함신과 개석 등이 일부 노출되어 있다. 한편 완원군 태실이 이봉되는 과정에서 태지석과 백자 형태의 태항아리가 출토되었다. 태지석을 통해 안양군의 아명이 수석(壽石)인 것이 확인되었다. 또한 안양군과 완원군 태실이 1484년(성종 15) 10월 초10일에 조성되었음을 알 수 있다.

(5) 수장 태실

서삼릉 수장 태실비의 전면과 후면

수장 태실은 봉안군의 태실이다. 봉안군은 성종과 귀인 정씨의 소생으로, 이름은 봉㤪 군호는 봉안군鳳安君이다. 서삼릉에 있는 태실비의 전면에는 '왕자 수장태실王子壽長胎室', 후면에는 '□ □ □년오월/자경기도양주군진접면이장(□ □ □年五月/自京畿道楊州郡榛接面移藏)'이 새겨져 있다. 봉안군의 태실은 남양주시 진접읍 내각리에서 서삼릉으로 이봉되었는데, 현재 태실의 위치는 경기도 남양주 시 진접읍 내각리 150-2번지로 확인된다.[76] 한편 출토된 태지석을 통해 1482년 (성종 13) 2월 23일에 출생한 것을 알 수 있는데, 이 해에 태어난 왕자는 봉안군 과 건성군이다. 그런데 건성군의 경우 강원도 양양군에 있는 것으로 확인되었 기에 해당 태실은 봉안군의 태실로, 안양군과는 동복형제가 된다.

(6) 견성군 태실

서삼릉 견성군 태실비의 전면과 후면

---

76) 경기문화재연구원에서 전수 조사한 『2020년 경기도 태봉·태실 조사 성과와 과제(2021)』에서 내각리 태실(영수)의 위 치가 확인되었다.

견성군은 성종과 숙의 홍씨의 소생으로, 이름은 돈惇 군호는 견성군甄城君
이다. 서삼릉에 있는 태실비의 전면에는 '견성군태실甄城君胎室', 후면에는 '□
□□□년오년/자강원도양양군강현면이장(□□□年五月/自江原道襄陽郡降峴面移藏)'이
새겨져 있다. 견성군의 태실은 강원도 양양군 강현면 하복리 산1번지로, 현재
태실지에는 분묘가 자리하고 있다. 태실 관련 석물은 남아 있지 않으며, 일제
강점기 때 태실이 이봉되는 과정에서 태지석과 백자 형태의 태항아리가 출토
되었다.

(7) 금돌이 태실

서삼릉 금돌이 태실비의 전면과 후면

상주 상현리 연산군 원자 금돌이 태실의 원경

태실비와 태함

금돌이 태실은 연산군과 폐비 신씨 소생의 폐세자 황顓의 태실이다. 서삼릉에 있는 태실비의 전면에는 연산군원자금돌이태실燕山君元子金乭伊胎室, 후면에는 '□□□년오월 /자경북상주군화서면이장(□□□年五月/自慶北尙州郡化西面移藏)'이 새겨져 있다. 폐세자 황의 태실은 경상북도 상주시 화서면 상현리 377-1번지로, 현재 태실지에는 태함과 태실비가 남아 있다. 비신의 전면에는 '왕자태실王子胎室'[77], 후면에는 '홍치십사년칠월초이일립석弘治十四年七月初二日立石'이 새겨져 있다. 이와 함께 출토된 태지석을 통해 태주가 원자元子라는 사실과 1497년(연산 3) 12월 19일에 출생한 것을 알 수 있다. 이에 부합되는 인물은 연산군과 폐비 신씨 소생의 폐세자 황 밖에 없다. 따라서 해당 태실의 명칭 역시 금돌이 태실이 아닌 폐세자 이황의 태실로 부르는 것이 바람직하다. 한편 일제강점기 때 태실이 이봉되는 과정에서 태지석과 백자 형태의 태항아리가 출토되었다.

태봉산 정상에 건립된 태봉정과 태함

---

77) 금돌이 태실비의 경우 전면의 마멸이 심해 육안 판독이 어렵다. 안내문에는 '왕자태실王子胎室'로 설명하고 있지만, 또 다른 논문에서는 '원자태실(元子胎室)'로 표기하고 있다. 어떤 것이 맞는지 추가적인 확인이 필요하다.

(8) 인수 태실

서삼릉 인수 태실비의 전면과 후면

문경 연산군 왕자 인수 태실의 원경

태실지에 남아 있는 태함의 개석

인수 태실은 연산군과 폐비 신씨 소생으로, 서삼릉에 있는 태실비의 전면을 보면 '연산군자인수태실燕山君子仁壽胎室', 후면에는 '□□□년오월/자경북문경군가은면이장(□□□年五月/自慶北聞慶郡加恩面移藏)'이 새겨져 있다. 인수 태실은 경상북도 문경시 가은읍 왕릉리 산30-2번지에 있는데, 인수 태실이 있던 곳은 분묘가 들어섰고 태함의 개석 일부가 노출되어 있다. 한편 출토된 태지석을 통해 태주의 아명이 인수仁壽인 것과 왕비 소생의 대군으로 확인된다. 또한 홍치 14년인 1501년(연산 7) 5월 14일에 출생한 사실과 같은 해 9월 20일에 태실을 조성한 것을 알 수 있다. 한편 일제강점기 때 태실을 이봉하는 과정에서 태지석과 백자 형태의 태항아리가 출토되었다.

(9) 영수 태실

서삼릉 영수 태실비의 전면과 후면

영수 태실은 연산군과 숙용 장씨의 소생이다. 서삼릉에 있는 태실비의 전면을 보면 '왕녀영수태실王女靈壽胎室', 후면에는 '□□□년오월/자경기도양주군진접읍이장(□□□年五月/自京畿道楊州郡榛接面移藏)'이 새겨져 있다. 영수 태실은 경기도 남양주시 진접읍 내각리 산5-3번지[78]로, 서삼릉에서 출토된 태지석을 보면 홍치 15년인 1502년(연산 8) 11월 12일에 출생했고, 1929년(소화 4)에 서삼릉으로 태실이 이봉되었음을 알 수 있다.

---

78) 경기문화재연구원에서 전수 조사한 『2020년 경기도 태봉·태실 조사 성과와 과제(2021)』에서 내각리 배나무골 태실(영수)의 위치가 확인되었다.

(10) 복억 태실

서삼릉 복억 태실비의 전면과 후면

복억 태실은 연산군의 왕녀 태실로, 생모가 누구인지는 밝혀지지 않았다. 서삼릉에 있는 태실비의 전면을 보면 '연산군녀복억태실燕山君女福億胎室', 후면에는 '□□□년오월/자강원도삼척군삼척읍이장(□□□年五月/月自江原道三陟郡三陟面移藏)'이 새겨져 있다. 복억 태실은 강원도 삼척시 자원동 56번지로, 현재 태봉의 정상에는 태실과 관련한 흔적이 남아 있지 않다. 다만 삼척시청과 향토문화전자대전 등의 자료를 취합해보면 태실비가 있었던 것으로 확인되는데, 비신의 전면에는 왕녀복억아기씨태실王女福億阿只氏胎室, 후면에는 홍치십이년오월구일사시립弘治十二年五月九日巳時立이 새겨져 있었다고 한다. 다만 태실비는 현재 유실된 상태다. 한편 서삼릉에서 출토된 태지석을 통해 복억의 출생일이 홍치 12년인 1499년(연산 5)으로 확인되었으며, 옹주의 신분인 것이 확인된다.

(11) 복합 태실

서삼릉 복합 태실비의 전면과 후면

복합 태실은 연산군의 왕녀 태실로, 생모가 누구인지는 밝혀지지 않았다. 서삼릉에 있는 태실비의 전면을 보면 '연산군녀복합태실燕山君女福合胎室', 후면에는 '□□□년오월/자황해도황주군인교면이장(□□□年五月/自黃海道黃州郡仁橋面移藏)'이 새겨져 있다. 복합의 태실은 황해북도 황주군 인교면 능산리에 있는 것으로 파악되는데, 장소가 이북지역이라 태실지의 정확한 위치나 현재 모습 등은 확인이 어렵다. 한편 서삼릉에서 출토된 태지석을 통해 왕녀 복합이 홍치 14년인 1501년(연산 6)에 출생한 사실과 1929년(소화 4)에 서삼릉으로 태실을 이봉한 사실을 알 수 있다.

(12) 덕흥대원군 태실

서삼릉 덕흥대원군 태실비의 전면과 후면

덕흥대원군 태실비와 태함

덕흥대원군은 중종과 창빈 안씨의 소생으로, 이름은 초岹 군호는 덕흥군德
興君이다. 훗날 아들인 선조가 왕위에 오르면서 덕흥대원군德興大院君으로 추봉
되었는데, 조선왕실 최초의 대원군이다. 서삼릉에 있는 태실비의 전면에는 '덕
흥대원군태실德興大院君胎室', 후면에는 'ㅁㅁㅁ년오월/자전북금산군추부면이장
(ㅁㅁㅁ年五月/自全北錦山郡秋富面移藏)'이 새겨져 있다. 덕흥대원군의 태실은 충청
남도 금산군 추부면 마전리 산1-2번지에 있었으나, 현재 태실이 있던 자리에는
분묘가 들어섰다. 이에 따라 덕흥대원군 태실 석물은 현재 금산역사문화박물관
으로 옮겨져 있으며, 야외에는 태함, 내부에는 태실비의 상단 부분이 전시되어
있다. 이와 함께 태실비의 전면에는 '왕자환수...王子歡壽...', 후면에는 '가정구년
십...嘉靖九年十...'이 새겨져 있다.

(13) 인성군 태실

서삼릉 인성군 태실비의 전면과 후면

청주 인성군 태실의 원경

청주 인성군 태실과 태실비

인성군은 선조와 정빈 민씨의 소생으로, 이름은 공^珙 군호는 인성군^{仁城}
君이다. 서삼릉에 있는 태실비의 전면에는 '인성군태실^{仁城君胎室}', 후면에는
'□□□년오월/자충북청주군용흥면이장(□□□年五月/自忠北淸州郡龍興面移藏)'이
새겨져 있다. 인성군의 태실은 충청북도 청주시 상당구 문의면 산덕리 411
번지로, 아기씨 태실이 원형을 잘 보여준다. 이와 함께 태실비의 전면에는 태
실지에 있는 태실비의 전면에는 '만력십육년무자□□아기씨태실^{萬曆十六年戊}
^{子□□阿只氏胎室}', 후면에는 '황명만력십육년무자십이월이십오일사시립^{皇明萬}
^{曆十六年戊子十二月二十五日巳時立}'이 새겨져 있다.[71] 이를 통해 만력 16년인 1588
년(선조 21) 12월 15일에 태실을 조성했음을 알 수 있다. 한편 인성군 태실은
일제강점기 때 서삼릉으로 이봉되는데, 이 과정에서 태지석과 백자 형태의
태항아리가 출토되었다. 또한 인성군 태실의 태함은 개석에 4개의 돌기가 돌
출된 형태로, 이러한 특징은 조선 중기의 태실에서 확인된다.

(14) 인흥군 태실

서삼릉 인흥군 태실비의 전면과 후면

인홍군은 선조와 정빈 민씨의 소생으로, 이름은 영瑛 군호는 인홍군仁興君
이다. 인홍군은 인성군의 친동생으로, 서삼릉에 있는 태실비의 전면에는 '인홍
군태실仁興君胎室', 후면에는 '□□□년오월/자경북상주군함창면이장(□□□年五
月/自慶北尙州郡咸昌面移藏)'이 새겨져 있다. 인홍군의 태실지는 경상북도 상주시
함창읍 태봉리 109-1번지로, 현재 분묘가 들어섰으며, 태실과 관련한 흔적은
남아 있지 않다. 한편 인홍군의 태실은 일제강점기 때 서삼릉으로 이봉되었고,
이 과정에서 태지석과 백자 형태의 태항아리가 출토되었다. 태지석을 통해 만
력 32년인 1604년(선조 37) 2월 초7일에 출생한 사실과 1608년(선조 41) 11월 초
7일에 태실을 조성했음을 알 수 있다.

(15) 숙명공주 태실

서삼릉 숙명공주 태실비의 전면과 후면

김천 숙명·숙경공주 태실지

숙명공주淑明公主는 효종과 인선왕후 장씨의 소생으로, 서삼릉에 있는 태실비의 전면에는 '숙명공주태실淑明公主胎室', 후면에는 '□□□년오월/자경북김천군지례면이장(□□□年五月/自慶北金泉郡知禮面移藏)'이 새겨져 있다. 숙명공주의 태실지는 경상북도 김천시 지례면 관덕리 531번지로, 이곳에 숙경공주의 태실과 함께 조성되었다. 하지만 현재 태실이 있던 자리에 구덩이만 남아 있을 뿐 태실 관련 석물은 남아 있지 않은데, 다행히 일제강점기 때 숙명공주의 태실을 이봉하는 과정에서 출장복명서인 『태봉』의 기록을 통해 봉출일자와 태실비, 태함 등의 스케치 자료가 남아 있다. 『태봉』의 기록을 통해 1928년 8월 6일 숙명공주의 태실을 봉출한 뒤 구장인 문호곤의 집에 임시로 봉안했고, 이후 숙경공주의 태실과 함께 8월 10일 지례면 관덕리를 출발해 봉송 과정에 올랐다. 이때 태실을 이봉하는 과정에서 태지석과 백자 형태의 태항아리가 출토되었으며, 태지석을 통해 태주의 신분이 숙명공주라는 사실과 경진년인 1640년(인조 18)에 출생한 것을 알 수 있다. 또한 1660년(현종 1)에 태실이 조성되었음을 알 수 있는데, 숙명공주의 태실 조성 기록은 『태봉등록』에도 잘 기록되어 있다.

(16) 숙정공주 태실

서삼릉 숙정공주 태실비의 전면과 후면

원주 숙정·숙휘공주 태실

숙정공주 태실비

　숙정공주淑靜公主는 효종과 인선왕후 장씨의 소생으로, 서삼릉에 있는 태실비의 전면에는 '숙정공주태실淑靜公主胎室', 후면에는 'ㅁㅁㅁ년오월/자강원도원주군흥업면이장(ㅁㅁㅁ年五月/自江原道原州郡興業面移藏)'이 새겨져 있다. 숙정공주의 태실지는 강원도 원주시 흥업면 대안리 1974-1번지로, 숙휘공주의 태실과 함께 조성되었다. 하지만 서삼릉으로 이봉될 당시 숙정공주의 태실은 이봉된 반면 숙휘공주의 태실은 이봉되지 않았다. 한편 태실지에는 숙정공주와 숙휘공주 태실이 복원되어 있다. 복원된 숙정공주의 태실비 전면에는 'ㅁ정공주아기씨태실ㅁ靜公主阿只氏胎室', 후면에는 'ㅁㅁ원년십일월이십오일사시/함풍오년삼월십칠일육대손기호(ㅁㅁ元年十一月二十五一巳時/咸豊五年三月十七日六代孫基鎬)'이 새겨져 있다. 한편 태지석을 통해 병술년인 1646년(인조 24)에 출생한 사실과 강희원년인 1662년(현종 3)에 태실을 조성한 것을 알 수 있다.

(17) 숙경공주 태실

서삼릉에 있는 숙경공주 태실비의 전면과 후면

김천 숙명·숙경공주 태실지

숙경공주淑敬公主는 효종과 인선왕후 장씨의 소생으로, 서삼릉에 있는 태실비의 전면에는 '숙경공주태실淑敬公主胎室', 후면에는 '□□□년오월/자경북김천군지례면이장(□□□年五月/自慶北金泉郡知禮面移藏)'이 새겨져 있다. 숙경공주의 태실지는 경상북도 김천시 지례면 관덕리 531번지로, 숙명공주의 태실과 함께 조성되었다. 이봉 당시의 기록인『태봉』에는 봉출 과정과 태실비, 태함 등의 스케치 자료가 잘 남아 있다.『태봉』의 기록을 보면 1928년 8월 8일~9일에 숙경공주의 태실을 봉출한 뒤 구장인 문호곤의 집에 임시로 봉안했다. 이후 숙명공주의 태실과 함께 8월 10일 지례면 관덕리를 출발해 봉송 과정에 올랐다. 한편 숙경공주의 태실은 일제강점기 때 서삼릉으로 이봉하는 과정에서 태지석과 백자 형태의 태항아리가 출토되었다. 태지석의 명문을 통해 해당 태실이 숙경공주의 태실이자 무자년인 1648년(인조 26)에 태어났으며, 1660년(현종 1)에 태실이 조성되었음을 알 수 있다.

(18) 명선공주 태실

서삼릉 명선공주 태실비의 전면과 후면

명선공주明善公主는 현종과 명성왕후 김씨의 소생으로, 서삼릉에 있는 태실비의 전면에는 '명선공주태실明善公主胎室', 후면에는 '□□□년오월/자충남보령군미산면이장(□□□年五月/自忠南保寧郡嵋山面移藏)'이 새겨져 있다. 명선공주의 태실지는 충청남도 보령시 미산면 남심리 산 72-2번지로, 현재 태실이 있던 자리에 구덩이만 있을 뿐 남아 있는 석물은 없다. 한편 명선공주의 태실은 일제강점기 때 서삼릉으로 이봉되었는데, 이 과정에서 태지석과 백자 형태의 태항아리가 출토되었다. 태지석을 통해 기해년인 1659년(효종 10년/현종 즉위년) 11월 15일에 출생한 사실을 알 수 있으며, 1660년(현종 1) 2월 17일에 태실이 조성된 것을 알 수 있다.

(19) 연령군 태실

서삼릉 연령군 태실비의 전면과 후면

예산 궐곡리 연령군 태실의 원경

예산 연령군 태실비와 태함의 개석

연령군은 숙종과 명빈 박씨의 소생으로, 이름은 훤昍 군호는 연령군延齡君이다. 서삼릉에 있는 태실비의 전면에는 '연령군태실延齡君胎室', 후면에는 '□ □□년오월/자충남예산군대술면이장(□ □ □年五月/自忠南禮山郡大述面移藏)'이 새겨져 있다. 연령군의 태실지는 충청남도 예산군 대술면 궐곡리 산 54-2번지로, 현재 태실 관련 석물은 충남대학교 박물관으로 옮겨져 있다. 한편 연령군 태실비의 전면에는 '강희삼십팔년육월십삼일인시생왕자아기씨태실康熙三十八年六月十三日寅時生王子阿只氏胎室', 후면에는 '강희삼십팔년구월이십구일립康熙三十八年九月二十九日立'이 새겨져 있다. 이를 통해 강희 38년인 1699년(숙종 25) 6월 13일에 출생한 왕자의 태실인 것을 알 수 있는데, 이해에 태어난 왕자는 연령군이다. 한편 연령군의 태실이 서삼릉으로 이봉되는 과정에서 출토된 태지석 역시 태실비의 명문과 동일하다.

(20) 화유옹주 태실

서삼릉 화유옹주 태실비의 전면과 후면

당진 화유옹주 태실의 원경

태실지에 남아 있는 태함의 함신과 비대

순성초등학교로 옮겨진 화유옹주의
태실비의 비신

화유옹주和柔翁主는 영조와 귀인 조씨의 소생으로, 서삼릉에 있는 태실비의 전면에는 '영조왕녀태실英祖王女胎室', 후면에는 'ㅁㅁㅁ년오월/자충남당진군순성면이장(ㅁㅁㅁ年五月/自忠南唐津郡順城面移藏藏)'이 새겨져 있다. 화유옹주의 태실지는 충청남도 당진시 순성면 성북리 산188-1번지로, 현재 정상 부근에는 비대와 태함의 함신이 남아 있다. 또한 태실비의 비신은 순성초등학교로 옮겨져 야외에 보관 중으로, 전면에는 '건륭오년구월이십구일자시생옹주아기씨태실乾隆五年九月二十九日子時生翁主阿只氏胎室', 후면에는 '건륭오년십일월이십팔일유시립乾隆五年十一月二十八日酉時立'이 새겨져 있다. 태실비의 명문을 통해 건륭 5년인 1740년(영조 16) 9월 29일에 출생했으며, 같은 해 11월 18일에 태실이 조성된 것을 알 수 있다.

(21) 화령옹주 태실

서삼릉 화령옹주 태실비의 전면과 후면

예산 화령옹주 태실 원경

대흥동헌으로 옮겨진 화령옹주 태실 석물, 태실비와 태함

화령옹주和寧翁主는 영조의 숙의 문씨의 소생으로, 서삼릉에 있는 태실비

의 전면에는 '영조왕녀태실英祖王女胎室', 후면에는 '□□□년오월/자충남예산군 광시면이장□□□年五月/自忠南禮山郡光時面移藏'이 새겨져 있다. 화령옹주의 태실 지는 충청남도 예산군 광시면 월송리 229번지로, 태실 관련 석물은 대흥동헌 으로 옮겨져 있다. 화령옹주의 태실비 전면에는 '건륭십팔년삼월술시생옹주 아기씨태실乾隆十八年三月初二日戌時生翁主阿只氏胎室', 후면에는 '건륭십팔년오월 십삼일립乾隆十八年五月十三日立'이 새겨져 있는데, 태지석에 기록된 태실의 조성 시기가 일치하는 것을 볼 수 있다. 또한 화령옹주의 태실은 일제강점기 때 서 삼릉으로 이봉되었는데, 이 과정에서 태지석과 백자 형태의 태항아리가 출토 되었다.

(22) 화길옹주 태실

서삼릉 화길옹주 태실비의 전면과 후면

단양 화길옹주 태실의 원경

태실비

  화길옹주和吉翁主는 영조의 숙의 문씨의 소생으로, 서삼릉에 있는 태실비
의 전면에는 '영조왕녀태실英祖王女胎室', 후면에는 '□□□년오월/자충북단양군
대강면이장□□□年五月/自忠北丹陽郡大崗面移藏'이 새겨져 있다. 화길옹주의 태실
지는 충청북도 단양군 대강면 용부원리 산 58-5번지로, 태실비의 태함의 함신
이 남아 있다. 화길옹주의 아기비의 전면에는 '건륭십구년오월십구일미시생옹
주아기씨태실乾隆十九年五月十九日未時生翁主阿只氏胎室', 후면에는 '건륭십구년칠월
이십오일진시립乾隆十九年七月二十五日辰時立'이 새겨져 있다. 건륭 19년을 환산해
보면 1754년(영조 30)으로, 5월 19일에 출생한 사실과 7월 25일에 태실을 조성
했음을 알 수 있다. 한편 서삼릉으로 태실이 이봉될 당시 태지석과 백자 형태의
태항아리가 출토되었다.

(23) 의소세손 태실

서삼릉 의소세손 태실비의 전면과 후면

영주 의소세손 태실지

의소세손懿昭世孫은 장조와 헌경의황후 홍씨의 첫째 아들로, 이름은 정琔이다. 정조에게 친형이 되는데, 서삼릉에 있는 태실비의 전면에는 '의소세손태실懿昭世孫胎室', 후면에는 '□□□년오월/자경북영주군영주면이장(□□□年五月/自慶北榮州郡榮州面移藏)'이 새겨져 있다. 의소세손의 태실지는 경상북도 영주시 고현동 산7번지로, 과거에는 태함의 개석 일부가 노출되어 있었으나 긴급 발굴조사 이후 복토가 되었다. 한편 의소세손의 태실은 일제강점기 때 서삼릉으로 이봉되었는데, 이 과정에서 태지석과 백자 형태의 태항아리가 출토되었다. 태지석을 통해 경오庚午 8월 27일에 태어난 원손의 태실인 것을 알 수 있으며, 『승정원일기』의 교차 분석을 통해 해당 태실이 의소세손의 태실인 것이 확인된다.

(24) 문효세자 태실

서삼릉 문효세자 태실비의 전면과 후면

예천 문효세자 태실

태실비

문효세자^{文孝世子}는 정조의 의빈 성씨의 소생으로, 이름은 순^㬀이다. 서삼릉에 있는 태실비의 전면에는 '문효세자태실^{文孝世子胎室}', 후면에는 '□□□년오월/자경북예천군용문면이장(□□□年五月/自慶北醴泉郡龍門面移藏)'이 새겨져 있다. 문효세자의 태실지는 경상북도 예천군 용문면 내지리 산82번지로, 지난 2019년 발굴조사를 통해 태함이 확인된 바 있다. 한편 태실비의 전면에는 '건륭사십칠년구월초칠일인시생원자아기씨태실^{乾隆四十七年九月初七日寅時生元子阿只氏胎室}', 후면에는 '건륭사십팔년구월초육일립^{乾隆四十八年九月初六日立}'이 새겨져 있다. 이를 통해 건륭 47년인 1782년^(정조 6) 9월 초7일에 태어난 원자의 태실로, 정조와 의빈 성씨 소생인 문효세자의 태실로 확인되었다. 정조와 의빈 성씨 소생의 문효세자다. 이와 함께 일제강점기 때 태실이 이봉되는 과정에서 태지석과 백자 형태의 태항아리가 출토되었다.

(25) 철종 원자 융준 태실

서삼릉 철종 원자 융준 태실비의 전면과 후면

태실지와 일부 노출된 태함의 개석

금표비

　　철종 원자 융준 태실은 철종과 철인왕후 김씨의 소생으로, 이름은 융준^隆^俊이다. 서삼릉에 있는 태실비의 전면에는 '철종왕자태실^{哲宗王子胎室}', 후면에는

'□□□년오월/자강원도영월군양변면이장(□□□年五月/自江原道寧越郡兩邊面移藏)'
이 새겨져 있다. 태실지는 강원도 주천면 신일리 산 356번지로, 태봉에는 태함
의 개석이 노출되어 있고, 입구에 태실과 관련한 금표비가 남아 있다. 『승정원
일기』와 『원자아기씨안태등록』 등을 통해 철종의 원자 태실로 확인된다. 한편
융준의 태실은 일제강점기 때 서삼릉으로 이봉되었는데, 이 과정에서 백자 형
태의 태항아리가 출토되었다.

(26) 덕혜옹주 태실

서삼릉 덕혜옹주 태실비의 전면과 후면

창덕궁 후원에 조성된 덕혜옹주 태실 추정지

    덕혜옹주德惠翁主는 고종과 귀인 양씨의 소생으로, 서삼릉에 있는 태실비의 전면에는 '덕혜옹주태실德惠翁主胎室', 후면에는 '□□□년오월/자창덕궁비원이장(□□□年五月/自昌德宮秘苑移藏)'이 새겨져 있다. 덕혜옹주의 태실지는 창덕궁 후원에 있는 능허정凌虛亭 인근에 있다. 1929년에 제작된 『창덕궁 태봉도면』속 임자태봉壬子胎封이 덕혜옹주의 태실이다. 현재 태실지로 추정되는 곳은 파헤쳐진 흔적만 남아 있을 뿐, 태실 관련 석물은 남아 있지 않다.

(27) 고종 제8왕자 태실

서삼릉 고종 제8왕자 태실비의 전면과 후면

창덕궁 후원에 조성된 고종 제8왕자 태실 추정지

고종 제8왕자는 고종과 귀인 이씨의 소생으로, 이름은 육堉이다. 서삼릉에 있는 태실비의 전면에는 '고종제팔남태실高宗第八男胎室', 후면에는 '□□□년오월/자창덕궁비원이장(□□□年五月/自昌德宮秘苑移藏)'이 새겨져 있다. 고종 제8왕자의 태실지는 창덕궁 후원에 있는 능허정凌虛亭 인근이다. 1929년에 제작된 『창덕궁 태봉도면』 속 갑인태봉甲寅胎封이 고종 제8왕자의 태실지다. 현재 태실지로 추정되는 곳은 파헤쳐진 흔적만 남아 있을 뿐, 태실 관련 석물은 남아 있지 않다.

(28) 고종 제9왕자 태실

서삼릉 고종 제9왕자 태실비의 전면과 후면

고종 제9왕자는 고종과 귀인 정씨의 소생으로, 이름은 우^堣다. 서삼릉에 있는 태실비의 전면에는 '고종제구남태실^{高宗第九男胎室}', 후면에는 'ㅁㅁㅁ년오월/자창덕궁비원이장(ㅁㅁㅁ年五月/自昌德宮秘苑移藏)'이 새겨져 있다. 고종 제9왕자의 태실지는 창덕궁 후원으로, 다만 자세한 위치 정보는 알 수가 없다.

(29) 이진 태실

서삼릉 이진 태실비의 전면과 후면

이진^{李晉}은 영친왕과 이방자 여사의 첫째 아들로, 서삼릉에 있는 태실비의 전면에는 '진전하태실^{晉殿下胎室}', 후면에는 'ㅁㅁㅁ년육월팔일/자동경이장(ㅁㅁㅁ六月八日/自東京移藏)'이 새겨져 있다. 이진은 1921년 8월 18일에 일본 동경에서 태어났다. 그렇기에 당시의 시대를 반영하듯 영친왕의 자택이 태를 묻었다가 이후 서삼릉으로 이봉되었다. 하지만 이진은 1922년 5월 11일에 덕수궁 석조전에서 세상을 떠났다. 이후 이진의 무덤은 서울특별시 동대문구 청량리동 204-37번지에 조성이 되었는데, 바로 숭인원崇仁園이다.

(30) 영산군 태실

서삼릉 영산군 태실비의 전면과 후면

　　영산군은 성종과 숙용 심씨의 소생으로, 이름은 전恮 군호는 영산군寧山君이다. 서삼릉에 있는 태실비의 전면에는 '영산군태실寧山君胎室', 후면에는 'ㅁ ㅁ ㅁ년육월이십육일/자연천군적성면이장(ㅁㅁㅁ年六月二十六日/自漣川郡積城面移藏)'

이 새겨져 있다. 태실지는 파주시 적성면 어유지리 산78번지로, 태실과 관련한 석물은 남아 있지 않다. 한편 영산군의 태실은 일제강점기 때 서삼릉으로 이봉되었는데, 이 과정에서 태지석과 백자 형태의 태항아리가 출토되었다. 태지석의 명문을 통해 영산군의 아명이 복숭福崇이라는 사실과 홍치 3년인 1490년(성종 21) 윤9월 24일에 출생한 것을 알 수 있다. 이와 함께 태실의 조성은 1494년(성종 25) 8월 25일에 조성된 사실이 확인된다.

(31) 의혜공주 태실

서삼릉 의혜공주 태실비의 전면과 후면

부여 의혜공주 태실의 원경

마을로 옮겨진 부여 의혜공주 태실 석물

태실비와 태함

　의혜공주懿惠公主는 중종과 문정왕후 윤씨의 소생으로, 이름은 옥혜玉蕙다.
서삼릉에 있는 태실비의 전면에는 '의혜공주태실懿惠公主胎室', 후면에는 'ㅁㅁㅁ
년육월이십육일/자부여군규암면이장(ㅁㅁㅁ年六月二十六日/自扶餘郡窺巖面移藏)이
새겨져 있다. 충청남도 부여군 규암면 함양리 97번지로, 현재 태실비와 태함 등
의 석물은 마을로 옮겨져 있다. 아기비의 경우 명문의 훼손이 심해 육안 판독이
쉽지 않으며, 서삼릉으로 태실을 이봉하는 과정에서 출토된 태지석을 통해 의
혜공주가 정덕 16년인 1521년(중종 16) 3월 26일에 출생한 사실과 1523년(중종
18) 윤 4월 14일에 태실을 조성했음을 알 수 있다.

(32) 경평군 태실

서삼릉 경평군 태실비의 전면과 후면

경평군 태실의 태함

경평군은 선조와 온빈 한씨의 소생으로, 이름은 륵功 군호는 경평군慶平君
이다. 서삼릉에 있는 태실비의 전면에는 '경평군태실慶平君胎室', 후면에는 'ㅁ
ㅁㅁ년십월이십육일립/자충청남도대전군기성면이장(ㅁㅁㅁ年十月二十六日立/自
忠淸南道大田郡杞城面移藏)'이 새겨져 있다. 태실지는 대전광역시 서구 가수원동
180-3번지 인근으로, 현재 태실의 태함과 태지석, 태항아리 등은 대전시립박물
관으로 옮겨져 있다. 출토된 태지석의 명문을 통해 1600년(만력 28. 선조 33) 6월
18일에 출생한 것을 알 수 있다.

마침 글

처음 『경기도의 태실』의 원고를 의뢰받고, 목차를 구성하면서 어떤 내용을 담으면 좋을까 고민에 빠졌다. 기본적으로 이 책은 학술서적이라기 보다는 현장성을 담고 있는 대중서적에 가까웠기에 그 내용이 너무 어려워서도 안 되고, 그렇다고 단편적인 내용만 언급해서도 안 되었기 때문이다. 그렇게 고민을 거듭하다 현장성을 최대한 살리는 동시에 태실의 개괄적인 이해와 경기도 태실의 특징과 변화를 중심으로 원고의 집필방향을 잡았다. 또한 고증 오류인 부분을 바로 잡고, 최근 경기도에서 추가로 확인된 태실들의 연구 성과를 최대한 반영하는 것을 목적으로 삼았다.

1장의 경우 태실의 조성 과정이 아기씨 태실과 가봉 태실의 차이 등을 구분하는 것으로, 태실의 개괄적인 이해를 중심으로 서술했다. 2장에서는 왜 경기도 태실을 주목해야 하는지와 경기도 태실의 변화 양상과 보존 필요성에 대해 서술했다. 3장의 경우 현재 남아 있는 경기도의 태실 현장을 직접 답사한 뒤 관련 내용을 중심으로 서술하였으며, 4장의 경우 태주를 알 수 없는 태실로, 파주 축현리 태실과 안산 고잔동 태봉의 경우처럼 비대와 태함의 형태 등을 통해 대략적인 시기를 추정했다. 마지막 장인 5장의 경우 서삼릉 태실을 중심으로 서술했는데, 서삼릉으로 태실이 조성된 배경과 이봉, 그리고 왕의 태실인 오석비군과 왕자·왕자 태실인 화강석비군 등을 소개하고, 각각의 태실과 초안지 등을 서술해 서삼릉 태실에 대한 이해를 돕고자 했다.

그럼에도 원고가 끝나는 지점에서 아쉬움이 남는 것은 어쩔 수가 없다. 경기도의 태실을 이 한 책에 모두 담기란 물리적으로 쉽지가 않았다. 그럼에도 생생한 현장의 모습을 담기 위해 태실 석물이 잔존한 태실은 답사를 진행했고, 현장 방문이 어려운 태실의 경우 추후 다른 방식으로 연구 과제로 삼고자 했다. 한편으로 책을 준비하면서 기존 선행 자료 역시 철저하게 검토해야 된다는 사실을 깨닫는 시간이기도 했는데, 일부 태실 유적의 경우 수장고에 있는데다 현장 자체도 훼손이 된 사례가 많았다. 때문에 이들 태실에 대한 고증과 분석 등은 쉽지가 않았다. 그 결과『조선의 태실(1999)』을 비롯해 기존의 자료를 상당수 인용할 수밖에 없었는데, 문제는 인용한 자료 중 태실비의 명문이 실제와 다른 사례가 종종 있다는 점이다. 때문에 최근의 성과와 추가적인 확인을 통해 수정 반영했다.

　마지막으로 이 책은 지난 2년 6개월간 태실에 관심을 기울인 성과물이다. 그 동안 직접 현장을 조사하면서, 경기도 태실의 현재 모습을 기록으로 남기기 위해 최선을 다했다. 하지만 분명한 사실은 이 책이 완벽하지는 않다는 점이다. 최대한 여러 자료와 자문을 구하며 고증에 힘썼지만, 태지석처럼 태주를 명확히 알 수 있는 사례가 아닌 경우 같은 태실을 두고, 다른 견해가 제기될 수도 있다. 물론 이러한 해석이 많아질수록 경기도 태실의 연구가 더욱 확장되리라 믿는다. 또 그래야 한다고 확신한다. 이와 함께 집필하면서 아직 부족한 부분과 더 보완해야 할 연구 과제가 많다는 점 역시 부인하기는 어렵다. 그럼에도 현재까지의 성과를 바탕으로 최대한 경기도의 태실을 집대성하고자 노력했고, 그 결과물로『경기도의 태실』을 봐주실 것을 당부 드린다. 아울러 이 책이 향후 경기도의 태실을 연구하는 데 있어 조금이나마 도움이 되었으면 좋겠다.

부록

경기도 태실 일람표

: 책에 소개한 태실을 중심으로 태실의 현황과 주소, 문화재 지정 여부 등을 표기한다. 단 해당 표는 답사한 태실을 기록한 것이기에 전체 경기도의 태실과는 무관하다는 점을 밝힌다. 태실 명칭의 경우 문화재청에 등재된 명칭을 준용하되, 비지정 문화재의 경우 태주의 이름 혹은 지역의 명칭을 쓴다. 또한 문화재 등급에서 미표기를 한 경우는 비지정 문화재이다.

* 표 설명

▶서: 서삼릉으로 옮겨진 태실 ▶태: 태함과 장태 석물 중 일부라도 남아 있는 경우 ▶가: 가봉 태실 관련 석물 중 일부라도 남아 있는 경우 ▶아: 아기비 ▶가: 가봉비

| 순번 | 태실 | 주 소 | 서 | 장태 석물 | | 태실비 | | 문화재 등급 |
				태	가	아	가	
1	양평 제안대군 태실	경기도 양평군 옥천면 옥천리 산8	–	–	–	●	–	–
2	광주 태전동 성종 태실	태실지: 경기도 광주시 태전동 265-1 태실 석물: 서울특별시 종로구 창경궁로 185 창경궁	●	–	●	–	●	–
3	양평 대흥리 태실	태실지: 경기도 양평군 양평읍 대흥리 324-5번지 태함: 강원도 춘천시 우석로 70 국립춘천박물관	–	●	–	–	–	–
4	안성 배태리 태실	경기도 안성시 삼죽면 배태리 산46(중태봉 정상)	–	–	–	●	–	–
5	파주 정자리 태실	경기도 파주시 군내면 정자리 산67	–	–	–	●	–	–
6	남양주 광전리 태실	경기도 남양주시 별내면 광전리 산39-2	–	●	–	–	–	–
7	남양주 성종 왕자 수장 태실	경기도 남양주시 진접읍 내각리 150-2	●	–	–	–	–	–
8	파주 영산군 태실	파주시 적성면 어유지리 산76-1	●	–	–	–	–	–

순번	태실	주 소	서	장태 석물		태실비		문화재 등급
				태	가	아	가	
9	고양 지축동 성종 왕녀 태실	경기도 고양시 덕양구 지축동 산1-11 * 태실비는 고양 어울림누리 수장고에 보관 중	–	●	–	●	–	–
10	광주 원당리 성종 왕녀 태실	경기도 광주시 퇴촌면 원당리 산10-1, 산11-1	–	●	–	●	–	–
11	양주 황방리 정혜옹주 태실	경기도 양주시 남면 황방리 87-1 * 태실비와 태함 개석 유실 상태, 함신은 국립강화문화재연구소에 보관 중	–	●	–	●	–	–
12	광주 원당리 연산군 왕자 돈수 태실	경기도 광주시 퇴촌면 원당리 산30	–	–	–	●	–	–
13	남양주 내각리 연산군 왕녀 영수 태실	경기도 남양주시 진접읍 내각리 산40	●	–	–	–	–	–
14	가평 중종대왕 태봉	경기도 가평군 가평읍 상색리 산112	●	●	●	●	●	가평군 향토유적 제6호
15	연천 부물현 혜정옹주 태실	경기도 연천군 연천읍 동막리 산71-1	–	–	–	–	–	–
16	김포 조강리 인순공주 태실	김포시 월곶면 조강리 산58번지 * 태봉산의 훼손으로 현재 조강리 산57번지로 임시 이전	–	●	–	●	–	–
17	김포 고막리 신성군 태실	경기도 김포시 월곶면 고막리 산65	–	●	–	●	–	–
18	가평 태봉리 영창대군 태실	경기도 가평군 상면 태봉리 산115-1 * 태실비는 태봉리 308 옮겨져 있음	–	–	–	●	–	–
19	화성 정숙옹주 태실	경기도 화성시 송동 681-674	–			●		화성시 유형문화재 제17호
20	연천 유촌리 태실	경기도 연천군 미산면 유촌리 산127	–	●	–	●	–	–
21	안성 성은리 태실	경기도 안성시 원곡면 성은리 33-1 (통심마을회관)	–	●	–	●	–	–
22	포천 무봉리 태봉	경기도 포천시 소흘읍 무봉리 480-1	–	●	–	●	–	–
23	포천 만세교리 태봉	경기도 포천시 신북면 만세교리 산13	–	●	–	●	–	포천시 향토유적 제23호
24	포천 성동리 문조 태실	경기도 포천시 영중면 성동2리 향교골 일대 * 문조 태실의 석물은 성동리 640-1 인근으로 옮겨져 있음	–	●	●	–	●	포천시 향토유적 제30호

순번	태실	주 소	서	장태 석물		태실비		문화재 등급
				태	가	아	가	
25	시흥 무지내동 태봉	경기도 시흥시 무지내동 산16번지	–	●	–	–	–	시흥시 향토유적 제6호
26	파주 축현리 태실	경기도 파주시 탄현면 축현리 산 96-1번지 * 태함은 국립중앙박물관으로 옮겨져 있음	–	●	–	●	–	–
27	안산 고잔동 태봉	경기도 안산시 단원구 고잔동 671번지 * 태함은 안산문화원으로 옮겨져 있음	–	●	–	–	–	–
28	연천 동막리 샘골 태실	경기도 연천군 연천읍 동막리 산55-2	–	●	–	–	–	–
29	포천 주원리 군자동 태실	경기도 포천시 창수면 주원리 산247	–	●	–	–	–	–
30	포천 금주리 태실	포천시 영중면 금주리 480	–	●	–	–	–	–
31	포천 송우리 태봉	경기도 포천시 소흘읍 송우리 산 28번지	–	●	–	–	–	포천시 향토유적 제18호

참고자료

1. 문헌기록

『고려사』/『국조보감』/『삼국사기』/『신증동국여지승람』/『승정원일기』/『조선왕조실록』/『일성록』/『연려실기술』/『태봉』/『홍재전서』/ 등

2. 보고서, 도록, 저서, 논문

김희태, 2021, 『조선왕실의 태실』, 휴앤스토리

국립고궁박물관, 2018, 『조선왕실 아기씨의 탄생』

국립문화재연구소, 2006, 『국역 태봉등록』

국립문화재연구소, 2007, 『국역 안태등록』, 민속원.

국립문화재연구소, 2006, 『조선왕실의 안태와 태실 관련 의궤』, 민속원.

경기학연구센터, 2020, 『경기학광장 가을호』

경기문화재연구원, 2021, 『2021 경기문화유산학교—태봉·태실 문화유산으로 알아보는 조선왕실 장태문화』

경기문화재연구원, 2021, 『경기도 태봉태실 조사보고서』

문화재청 궁능유적본부, 2019, 『서삼릉 내 묘역 및 태실 역사성 회복 연구 결과보고서』

심현용, 2014, 『조선 왕실의 아기태실비에 대한 양식과 편년 재검토』

성남문화원, 2017, 『성남문화연구 제24호』

전주이씨대동종약원, 1999, 『조선의 태실1』

전주이씨대동종약원, 1999, 『조선의 태실2』

전주이씨대동종약원, 1999, 『조선의 태실3』

(재) 대동문화재연구원, 2012, 『성주 태종·단종태실 학술(지표)조사 결과보고서』

윤진영, 2016, 『조선왕실의 태봉도』, 한국학중앙연구원 출판부

윤진영 · 김호 · 이귀영 · 홍대한 · 김문식, 2016, 『조선왕실의 태실 의궤와 장태 문화』, 한국학중앙연구원 출판부
파주문화원향토문화연구소, 2019, 『파주민통선, 문화유적보고서』
한국토지공사 · 토지박물관, 화성시, 2006, 『문화유적분포지도: 화성시』
홍성익, 2015, 『조선전기 王妃 加封胎室에 관한 연구』
홍성익, 2015, 『조선시대 胎室의 역사고고학적 연구』

3. 언론자료

뉴스타워, 2020.10.22, 『경기도의 태실 – 민통선 안에 태실이 있다고? 파주의 태실』
뉴스타워, 2020.05.25, 『경기도의 태실 – 포천 송우리 태봉과 양주 황방리 왕녀 승복 태실』
뉴스타워, 2020.04.19, 『경기도의 태실 – 혜정옹주의 태실인 연천 동막리 태실』
뉴스타워, 2020.03.02, 『경기도의 태실 – 경기도의 태실 – 태함만 남아 있는 안산 고잔동 태봉』
뉴스타워, 2020.02.09, 『경기도의 태실 – 포천 무봉리 태봉. 영조와 귀인 조씨 소생의 옹주 태실』
뉴스타워, 2020.02.02, 『경기도의 태실 – 효명세자(−추존 익종, 문조)의 태실. 포천 태봉 석조물』
뉴스타워, 2020.01.12, 『경기도의 태실 – 옥천리 태봉으로 불렸던 양평 제안대군 태실』
뉴스타워, 2019.12.16, 『경기도의 태실 – 무관심 속에 방치된 김포 고막리 태실』
뉴스타워, 2019.12.01, 『경기도의 태실 – 훼손된 태봉산과 임시 이전된 인순공주의 태실. 김포 조강리 태실』
뉴스타워, 2019.11.19, 『경기도의 태실 – 보존과 활용 대책이 필요한 광주 원당리 성종 왕녀 태실』
뉴스타워, 2019.11.04, 『경기도의 태실 – 영조와 영빈 이씨 소생의 옹주 태실인 연천 유촌리 태실』
뉴스타워, 2019.10.29, 『경기도의 태실 – 성종의 자녀 태실로 추정되는 안성 배태리 태실』
뉴스타워, 2019.10.21, 『경기도의 태실 – 방치된 광주 원당리 연산군 왕자 돈수 태실』
뉴스타워, 2019.10.04, 『경기도의 태실 – 사도세자의 친동생 화완옹주의 태실인 포천 만세교리 태봉』
뉴스타워, 2019.09.12, 『경기도의 태실 – 가평 태봉리 태실은 누구의 태실일까?』
뉴스타워, 2019.08.20, 『안성에 영조와 영빈 이씨 소생의 옹주 태실비와 태함이 있다?』
뉴스타워, 2019.07.15, 『경기남부편 – 화성 동탄호수공원에 태실비가 있다?』
논객닷컴, 2019.07.10, 『예천 용문사에 폐비 윤씨와 문효세자의 태실?』
오피니언타임스, 『예천 명봉사의 사적비가 실은 사도세자 태실비였다?』
오피니언타임스, 『선조의 태실비가 두 개인 이유는?』
오피니언타임스, 2019.09.24, 『선조의 태실가봉비 귀부』
오피니언타임스, 『꼭꼭 숨어 있는 원주의 태실을 찾아서』
오피니언타임스, 『태실에는 'ㅇㅇ' 비석이 있다?』

오피니언타임스, 2020.03.12, 「성주에는 태종과 단종의 태실지가 있다?」
오피니언타임스, 「공주의 유일한 태실. 숙종 태실을 아시나요?」
오피니언타임스, 「창덕궁 후원에 태실이 있었다고?」
자치안성신문, 2009.01.12, 「왕자의 태실을 묻은 삼태봉과 가마터가 있던 마을 – 삼죽면 배태리」
화성저널, 2019.08.26, 「화소(火巢)를 아시나요?」

4. 사진자료

고양 지축동 성종 왕녀 태실 ⓒ 고양시청
김포 조강리 인순공주 태실 ⓒ 김포시청
태종 태실, 난간주석, 개첨석 ⓒ 성주군청
이희원 일기장 사진 ⓒ 진한용
일본 닌토쿠 천황仁徳天皇의 태실 ⓒ 전인혁
일본 고카쿠 천황光格天皇의 태실 ⓒ 전인혁
헌종 태실 가봉비 비신과 사방석 ⓒ 예산군청

미주

1 『조선왕조실록』 태조실록 권3, 태조 2년(1393) 1월 2일 '태실 증고사 권중화가 태실의 길지와 신도 후보지의 지도를 바치다' 참고

2 『조선왕조실록』 세종실록 권1, 세종 즉위년(1418) 10월 25일 '태실 증고사 정이오가 태실산도를 바치다' 참고

3 『조선왕실의 태실』, 2021, 김희태, 휴앤스토리 14p~28p 참고 및 수정 재인용

4 『조선왕조실록』 문종실록 권3, 문종 즉위년 9월 8일 '풍수학에서 왕세자의 태실을 옮기도록 청하다'

5 『2020 경기도 태봉태실 조사보고서』, 2021, 경기문화재연구원, 28p 참고

6 『조선왕조실록』 세종실록 권74, 세종 18년(1436) 8월 8일 '음양학을 하는 정앙의 글에 따라 사왕의 태를 길지에 묻게 하다'

7 『국역 태봉등록』 국립문화재연구소, 2006, 임인(1662) 2월 초 1일 기사 중 "무릇 태봉은 산의 정상을 쓰는 것이 전례이며, 내맥이나 좌청룡 우백호나 안산은 보지 않는 것이 원칙이라고 합니다"

8 『조선왕실의 태실』, 2021, 김희태, 휴앤스토리 재인용

9 김희태, 「경기도 소재 성종 자녀 태실의 태주 검토」, 『경기학 광장 가을호』, 경기학연구센터, 2020, 113p.

10 『화성저널』, 2019.08.26, '화소(火巢)를 아시나요?' 참고 및 수정 재인용

11 『조선왕실의 태실』, 2021, 김희태, 휴앤스토리, 22p~25p 참고 및 수정 재인용

12 『조선왕실의 태실』, 2021, 김희태, 휴앤스토리, 41p~43p 참고 및 수정 재인용

13 『일성록』 정조 9년 을사(1785) 1월 25일(을해), "경모궁(景慕宮) 태봉(胎封)의 표석(標石)에 '경모궁'이라고 쓰고, 금표(禁標)는 100보(步)를 더하며 수호군(守護軍)은 6명(名)을 더하라고 명하였다"

14 김희태, 「경기도 소재 성종 자녀 태실의 태주 검토」, 『경기학 광장 가을호』, 경기학연구센터, 2020, 113~114p. 참고 및 수정 재인용

15 『조선왕조실록』 세조실록 권29, 세조8년 9월 14일, "성주에 있는 어태실의 의물 설치를 불허하고 비만 세우다. 비문의 내용" 참고

16 『신증동국여지승람』 권46, 홍천현의 기록 중 '공작산(孔雀山) 현의 동쪽 25리에 있는데, 정희왕후(貞熹王后)의 태를 봉안하였다.' 참고

17 『조선왕조실록』 성종실록 권155, 성종14년 6월 12일, "대행 왕후를 광릉에 장사지내다" 참고

18 『조선전기 王妃 加封胎室에 관한 연구』, 홍성익, 2015, 292P 참고, 반면 『조선의 태실』에서는 수타사 뒷산을 태실지로 비정하고 있다.

19 『조선왕조실록』 예종실록 권1, 예종즉위년 9월 17일, "능에 석곽은 쓰지 않고 석실과 석난간만 쓰는 문제를 의논하다" 참고

20 『조선왕조실록』 중종실록 권30, 중종 12년 11월 23일 "유용근 등이 혼인의 풍속, 증고사의 일에 관해 아뢰다." 참고

21 『국조보감』 권58, 영조조2 중 "지경연 심택현(沈宅賢)이 아뢰기를, "충주(忠州)의 태실(胎室)을 증축할 때 석물(石物)을 끌어 운반하자면 밭곡식이 많이 손상될 것입니다. 혹 값을 쳐주든지 혹 부역을 면제해 주든지 백성들을 위로해 주는 방도가 없어서는 안 되겠습니다."하니, 상이 따랐다.

22 『연려실기술』 별집 제2권 사전전고(祀典典故) 장태(藏胎) 중

23 『오피니언타임스』, 2020.06.29, "창덕궁 후원에 태실이 있었다고?" 재인용

24 『조선왕조실록』 성종실록 권73, 성종7년 11월 28일, "전교하여 종전에 하삼도에만 행하던 안태(安胎)를 경기에서 택하여 하도록 하다" 참고

25 『조선왕조실록』 성종실록 권283, 성종 24년(1493) 10월 10일 '죄인의 억울한 공초·속전의 과다 징수·왕자군의 집 부역 등을 의논하다' 참고

26 『조선왕조실록』 영조실록 권105, 영조41년 5월 13일, "장태를 할 때에는 어원의 정결한 곳에 도자기 항아리에 담아 묻게 하다" 참고

27 『조선왕실의 태봉도』 윤진영, 한국학중앙연구원 출판부, 2016, 66p~73p

28 『신증동국여지승람』 권6, 광주목 산천조의 기록 중 '이령(梨嶺) 주 남쪽 30리에 있는데 지금 임금의 어태를 봉안했다.' 참고

29 『신증동국여지승람』 권6, 광주목 산천조의 기록 중 '가마령(佳亇嶺) 주 동쪽 45리에 있는데 성종 어태(御胎)를 봉안했다.' 참고

30 『2020 경기도 태봉태실 조사보고서』, 2021, 경기문화재연구원, 168~169p 참고

31 『조선의 태실2』, 전주이씨대동종약원, 1999, 101p '萬曆二十七年二月二十八日'

32 『조선왕조실록』 예종실록 권8, 예종 1년(1469) 11월 28일 '진시에 임금이 자미당에서 훙하다' 참고

33 『연려실기술』 별집 제1권, 국조전고(國朝典故) 종실(宗室) 중

34 『조선왕실의 태실』, 2021, 김희태, 휴앤스토리 83p~86p 참고 및 수정 재인용

35 『조선왕실의 태실』, 2021, 김희태, 휴앤스토리 중 162p~164p 참고 및 수정 재인용

36 『조선왕실의 태실』, 2021, 김희태, 휴앤스토리 중 164p~166p 참고 및 수정 재인용

37 『왕자의 태실을 묻은 삼태봉과 가마터가 있던 마을 – 삼죽면 배태리』 자치안성신문, 2009, 기사 참고

38 『조선시대 胎室의 역사고고학적 연구』 홍성익, 2015, 16P 중, "태실비의 앞면 '왕자⋯실(王子⋯室)'새겨져 있다."

39 『조선왕실의 태실』, 2021, 김희태, 휴앤스토리 중 166p~167p 참고 및 수정 재인용

40 『파주민통선, 문화유적보고서』 파주문화원향토문화연구소, 2019, 220P 참고

41 『조선왕실의 태실』, 2021, 김희태, 휴앤스토리 중 167p~168p 참고

42 『조선의 태실2』, 전주이씨대동종약원, 1999, 49p '王子金壽男胎室/弘治六年五月初四日立碑'

43 『조선왕실의 태실』, 2021, 김희태, 휴앤스토리 중 169p~170p 참고 및 수정 재인용

44 김희태, 「경기도 소재 성종 자녀 태실의 태주 검토」, 『경기학 광장 가을호』, 경기학연구센터, 2020, 118p.

45 『조선왕조실록』 중종실록 권22, 중종 10년(1515) 6월 5일 '공신옹주를 〈삼강행실속록〉에 싣게 하다' 참고

46 『조선의 태실2』, 전주이씨대동종약원, 1999, 70p '皇明弘治十四年二月初四日未時生/王子敦壽阿只氏胎室/弘治十八年二月十九日亥時藏'

47 『조선왕실의 태실』, 2021, 김희태, 휴앤스토리 중 87p~90p 참고 및 수정 재인용

48 『조선왕조실록』 중종실록 권4, 중종 2년 10월 16일 '경기 가평현을 올려 군으로 삼고, 현감 유면을 체임시키다' 참고

49 『조선왕조실록』 중종실록 권4, 중종 2년 10월 25일 '대사헌 이유청 등이 강혼의 추문을 청하다' 참고

50 『조선왕조실록』 순조실록 권9, 순조 6년 10월 20일 '보은현에서 당저의 태실의 가봉 역사를 마쳤다고 고하니, 군으로 승격시키다' 참고

51 『조선왕조실록』 헌종실록 권3, 헌종 2년 4월 5일 '좌의정 홍석주가 영평현을 군수의 고을로 승격시키도록 아뢰다' 참고

52 『국역 태봉등록』 국립문화재연구소, 2006, 168P 참고

53 가평 중종대왕 태봉의 안내문 참고

54 『조선의 태실2』, 전주이씨대동종약원, 1999, 85p '⋯阿只氏胎室/(嘉靖)貳拾三年'

55 『조선의 태실2』, 전주이씨대동종약원, 1999, 87p '王子珝阿只氏胎室/萬曆十二年七月二十五日立/萬曆十四年十二月初六日改立'

56 『국역 태봉등록』 국립문화재연구소, 2006, 188~190p 참고

57 『국역 태봉등록』 국립문화재연구소, 2006, 290p 참고

58 『조선왕실의 태실』, 2021, 김희태, 휴앤스토리 중 132p~134p 참고 및 수정 재인용

59 『경기도 태봉·태실의 가치 재발견』, 2021. 경기문화재연구원, 69p 참고

60 『조선왕실의 안태와 태실 관련 의궤』 국립문화재연구소, 민속원, 2006 '원자아기씨장태의궤', "익종대왕 태실가봉석난 간조배의궤" 중

61 『국역 태봉등록』, 국립문화재연구소, 2006, 107p 참고

62 『안산시사4』, 안산시사편찬위원회, 2011, 373〜374p 참고

63 『2020 경기도 태봉태실 조사보고서』, 2021, 경기문화재연구원, 210p 참고

64 『2020 경기도 태봉태실 조사보고서』, 2021, 경기문화재연구원, 307p 참고

65 『2020 경기도 태봉태실 조사보고서』, 2021, 경기문화재연구원, 308p 참고

66 『조선왕조실록』 중종실록 권65, 중종 24년 7월 14일 '세자 태실의 실화 죄를 물어 영천 군수 허증을 체직시키다'

67 전인혁, 「기록을 통해 살펴 본 경기 지역 태실의 조성과 변천」, 『2021 경기문화유산학교—태봉·태실 문화유산으로 알아보는 조선왕실 장태문화』, 경기문화재연구원, 2021, 22쪽.

68 『매일신보』 1928년 9월 10일자 기사 중 "…29개소(個所)의 태봉(胎封)을 파는데 여덟 곳에서나 암장시(暗葬屍)를 발견(發見)하였습니다. 명당(明堂)에 묘(墓)를 쓰고 싶은 것은 누구나 다 가진 욕심(慾心)일 것입니다. 그러나 적어도 왕가(王家)의 선왕(先王)의 태(胎)를 뫼신 곳에다가 이 같은 못된 짓을 한 자(者)들이 있었다는 것은 참으로 통탄(痛嘆)할 일이었습니다…"

69 『동아일보』 1929년 3월 1일자 기사 중 "이왕직에서는 각지 명산에 봉안하였던 태봉 삼십구개소를 철회하여 버리고 태봉 안에 있던 태옹(胎甕)을 경성으로 이안하여 임시로 시내 수창동(需昌洞) 이왕직 봉상시(奉常寺)에 봉안실(奉安室)을 신축하고 봉안하여 두었던 바 이번에 시외 고양군 원당면 원당리(高陽郡 元堂面 元堂里)에 있는 서삼릉(西三陵) 역내(域內)에 영구히 봉안하기로 되어 해동을 기다려 이안하리라는데 서삼릉은 철종황제(哲宗皇帝)의 예릉(睿陵), 인종대왕(仁宗大王)의 효릉(孝陵), 장경황후 윤씨(章敬皇后 尹氏)의 희릉(禧陵)을 모신 곳이라더라."

70 『일성록』 정조 9년(을사) 1월 25일, "경모궁(景慕宮) 태봉(胎封)의 표석(標石)에 '경모궁'이라고 쓰고, 금표(禁標)는 100보(步)를 더하며 수호군(守護軍)은 6명(名)을 더하라고 명하였다." 참고

71 『조선의 태실2』, 전주이씨대동종약원, 1999, 89p '萬曆十六年戊子…阿只氏胎室(前)/皇明萬曆十六年戊子十二月二十五日巳時立(後)'

경기그레이트북스 ㉙

경기도의 태실

초판 1쇄 발행 2021년 07월 23일

발 행 처 경기문화재단
(16614) 경기도 수원시 권선구 서둔로 166 생생 1990

기 획 경기문화재단 경기학센터

집 필 김희태

편 집 디자인 구름 (전화 031-949-6009)

인 쇄 우리들행복나눔 인쇄사업단 (전화 031-442-0470)

ISBN 979-11-91863-00-0

ISBN 979-11-965669-8-2 (세트)